Okus Italije

Recepti za tradicionalne italijanske jedi

Giulia Mostallino

VSEBINA

Linguine s česnom, oljem in feferoni 8

Špageti s česnom in olivami 10

Linguine s pestom 12

Tanki špageti z orehi 15

Linguine s posušenimi paradižniki 17

Špageti s papriko, pekorinom in baziliko 19

Penne z bučkami, baziliko in jajcem 23

Testenine z grahom in jajci 26

Linguine s stročjim fižolom, paradižnikom in baziliko 29

Ušesa s krompirjevo kremo in rukolo 32

testenine in krompir 35

Školjke s cvetačo in sirom 39

Testenine s cvetačo, žafranom in ribezom 41

Muhe z artičokami in grahom 44

Fettuccine z artičokami in jurčki 47

Rigatoni z ragujem iz jajčevcev 51

Sicilijanski špageti z jajčevci 54

Metuljček z brokolijem, paradižnikom, pinjolami in rozinami 57

Cavatelli z zelenjem česna in krompirjem 60

Linguine z bučkami 63

Penne z zelenjavo na žaru 66

Penne z gobami, česnom in rožmarinom 70

Linguine z rdečo peso in česnom 72

Leti z repo in zelenjem 74

Testenine s solato 77

Fusilli s pečenimi paradižniki 79

Komolec s krompirjem, paradižnikom in rukolo 82

Romanski jezik v kmečkem slogu 85

Penne s spomladansko zelenjavo in česnom 87

"Vlečne" testenine s smetano in gobami 89

Rimske testenine s paradižnikom in mocarelo 92

Fusilli s tuno in paradižniki 94

Linguine s sicilijanskim pestom 96

Špageti z "Crazy" pestom 98

Muha z nekuhano omako puttanesca 100

Testenine s surovo zelenjavo 102

"Pohiti" špagete 104

"Jezna" Penne 107

Rigatoni z rikoto in paradižnikovo omako 109

Metuljček s češnjevimi paradižniki in drobtinami 111

Ziti s špinačo in rikoto 113

Rigatoni s štirimi siri 116

Linguine s kremno orehovo omako 118

Let z Amarettijem 120

Špageti z ocvrtim jajcem na salernski način 122

Tagliarini sufle 125

Špageti na oglje 130

Bucatini s paradižnikom, panceto in feferoni 132

Penne s panceto, pecorinom in črnim poprom 135

Penne s svinjino in cvetačo 139

Špageti z vodko omako 142

Metuljček s šparglji, smetano in šunko 145

Peresniki "povlečeni" z mesno omako 147

Špageti na način Caruso 150

Peresniki s fižolom in panceto 152

Testenine s čičeriko 156

Rigatonijev Rigoletto 158

Annini ocvrti špageti 161

Testenine iz jajčevcev Timbale 164

Ocvrti ziti 169

Sicilijansko ocvrte testenine 171

Pečene testenine Sophie Loren 176

Linguine z omako iz školjk 179

Toskanski špageti s školjkami 182

Linguine z inčuni in pikantno paradižnikovo omako 186

Linguine s kozicami in majhnimi paradižniki 189

Linguine z mešano omako iz morskih sadežev 192

Tanki špageti s palčkami 195

Beneški polnozrnati špageti v inčunovi omaki 197

Špageti v slogu Capri 199

Linguine po beneško s kozicami 202

Testenine s sardelami in koromačem 205

Penne z bučkami, mečarico in zelišči 209

Špageti z baccalo na božični večer 212

Linguine s tuninim pestom 215

Hladne testenine z zelenjavnimi konfeti in morskimi sadeži 217

Linguine s česnom, oljem in feferoni

Linguine Aglio, Olio in Peperoncino

Za 4-6 obrokov

Česen, sadno ekstra deviško oljčno olje, peteršilj in paprika so preproste začimbe za te najbolj okusne testenine. Polnovredno oljčno olje je prav tako pomembno kot svež česen in peteršilj. Česen kuhajte počasi, da se olje nasiči s svojim močnim okusom. Naj barva česna ne postane bolj zlata, sicer bo grenkega in ostrega okusa. Nekateri kuharji izpustijo peteršilj, meni pa je všeč svež okus.

1/2 skodelice ekstra deviškega oljčnega olja

4-6 velikih strokov česna, narezanih na tanke rezine

1/2 čajne žličke zdrobljene rdeče paprike

1/3 skodelice sesekljanega svežega ploščatega peteršilja

Sol

1 funt lingvin ali špagetov

1. Olje vlijemo v ponev, ki je dovolj velika, da vanjo vzamemo kuhane testenine. Dodamo česen in strto rdečo papriko. Kuhajte na srednje močnem ognju, pogosto mešajte, dokler česen ne zlato porumeni, približno 4 do 5 minut. Vmešajte peteršilj in ugasnite ogenj.

2. Zavrite vsaj 4 litre hladne vode. Dodamo 2 žlici soli, nato dodamo testenine in pritisnemo, dokler niso popolnoma potopljene v vodo. Na močnem ognju med pogostim mešanjem kuhajte, dokler testenine niso al dente, mehke, a čvrste na ugriz. Odstavite nekaj vode za kuhanje. Testenine precedimo in skupaj z omako damo v ponev.

3. Na srednje močnem ognju mešamo in kuhamo toliko časa, da se testenine dobro prekrijejo z omako. Če se vam testenine zdijo suhe, dodajte malo prihranjene vode za kuhanje. Postrezite takoj.

Različica: Dodajte nasekljane črne ali zelene olive, kapre ali inčune skupaj s česnom. Postrezite z drobtinami, popečenimi na oljčnem olju ali potresenimi z naribanim sirom.

Špageti s česnom in olivami

Špageti al Aglio in Olive

Za 4-6 obrokov

To hitro omako za testenine lahko naredite z olivami, ki jih izdolbete in nasekljate sami, vendar je bolj priročna pripravljena oljčna pasta. Ker so oljčna pasta in olive lahko slane, tej jedi ne dodajajte naribanega sira.

1/4 skodelice oljčnega olja

3 stroki česna, na tanko narezani

Ščepec mlete rdeče paprike

1/4 skodelice paste iz zelenih oliv ali po okusu ali 1 skodelica nasekljanih zelenih oliv brez koščic

2 žlici sesekljanega svežega peteršilja

Sol

1 kg špagetov ali lingvin

1. Olje vlijemo v ponev, ki je dovolj velika, da vanjo vzamemo kuhane testenine. Dodamo česen in strto rdečo papriko. Kuhajte na srednjem ognju, dokler česen ne zlate barve, približno 4-5 minut. Vmešajte olivno pasto ali olive in peteršilj, nato ponev odstavite z ognja.

2. V veliki ponvi zavrite 4 litre vode. Dodajte 2 žlici soli, nato dodajte testenine in rahlo pritiskajte, dokler niso popolnoma potopljene v vodo. Na močnem ognju med pogostim mešanjem kuhajte, dokler testenine niso al dente, mehke, a čvrste na ugriz. Odstavite nekaj vode za kuhanje. Testenine precedimo in skupaj z omako damo v ponev.

3. Na srednje močnem ognju mešamo in kuhamo toliko časa, da se testenine dobro prekrijejo z omako. Dodajte malo vrele vode za kuhanje, če se testenine zdijo suhe. Postrezite takoj.

Linguine s pestom

Linguine s pestom

Za 4-6 obrokov

V Liguriji pesto pripravljajo tako, da česen in zelišča strtajo v možnarju, dokler ne postane gosta pasta. Tam uporabljajo različne bazilike blagega okusa z majhnimi listi, ki niso večji od pol palca. Pesto, ki ga pripravlja, je veliko okusnejši od bazilikinega pesta, ki je na voljo v ZDA. Bližje okusu ligurskega pesta dodam malo peteršilja. Peteršilj obdrži barvo bolje kot bazilika, ki pri sekljanju rada počrni, pesto pa ostane žametno zelen. Če potujete po Liguriji in uživate v vrtnarjenju, kupite zavojček drobnih semen bazilike in jih posadite na domačem vrtu. Prepovedi prinašanja pakiranega semena domov iz Italije ni.

1 skodelica tesno zloženih listov bazilike, opranih in posušenih

1/4 skodelice tesno zloženega svežega ploščatega peteršilja, opranega in posušenega

2 žlici pinjol ali blanširanih mandljev

1 strok česna

Groba sol

1/3 skodelice ekstra deviškega oljčnega olja

1 funt linguina

1/2 skodelice sveže naribanega parmigiano-reggiana

2 žlici nesoljenega masla, zmehčanega

1. V sekljalniku drobno sesekljajte liste bazilike in peteršilja s pinjolami, česnom in ščepcem soli. Postopoma v tankem curku dodajajte olivno olje in mešajte do gladkega. okusite začimbo.

2. V veliki ponvi zavrite 4 litre vode. Dodajte 2 žlici soli, nato dodajte testenine in rahlo pritiskajte, dokler niso popolnoma potopljene v vodo. Dobro premešaj. Med pogostim mešanjem kuhajte, dokler testenine niso al dente, mehke, a čvrste na ugriz. Odstavite nekaj vode za kuhanje. Testo odcedimo.

3. Testo damo v veliko ogreto skledo. Dodajte pesto, sir in maslo. Dobro premešamo, po potrebi dodamo malo vode za testenine, da pesto razredčimo. Postrezite takoj.

Tanki špageti z orehi

Spaghettini con le Noci

Za 4-6 obrokov

To je neapeljski recept, ki ga pogosto jedo ob brezmesnih petkovih obrokih. Za to omako za testenine morate orehe zelo drobno sesekljati, da se košcki oprimejo testenin, ko jih obracate. Sesekljajte jih z nožem ali uporabite kuhinjski robot, ce želite, vendar jih ne predelajte v kašo.

1/4 skodelice oljcnega olja

3 veliki stroki cesna, rahlo strti

1 skodelica sesekljanih orehov

Sol

1 funt špagetov, fine linguine ali vermicelli

1/2 skodelice sveže naribanega Pecorina Romana

Sveže mleti crni poper

2 žlici sesekljanega svežega peteršilja

1. Olje vlijemo v ponev, ki je dovolj velika, da sprejme testenine. Dodamo česen in kuhamo na zmernem ognju. Česen občasno stisnite s hrbtno stranjo žlice, dokler ne postane globoko zlate barve, približno 3-4 minute. Česen odstranite iz ponve. Vmešajte orehe in kuhajte, dokler rahlo ne porjavijo, približno 5 minut.

2. V veliki ponvi zavrite vsaj 4 litre vode. Dodajte 2 žlici soli, nato pa testenine. Dobro premešaj. Na močnem ognju med pogostim mešanjem kuhajte, dokler testenine niso al dente, mehke, a čvrste na ugriz. Testenine odcedimo in prihranimo nekaj vode za kuhanje.

3. Testenine prelijemo z orehovo omako in toliko vode za kuhanje, da ostanejo vlažne. Dodajte sir in izdatno mlet črni poper. Dobro vrzi. Dodajte peteršilj in takoj postrezite.

Linguine s posušenimi paradižniki

Linguine s pomodori secchi

Za 4-6 obrokov

Kozarec mariniranega posušenega paradižnika v shrambi in nepričakovani gostje so bili navdih za to hitro testeninsko jed. Olje, v katerem je pakiranih večina vloženih posušenih paradižnikov, običajno ni najboljše kakovosti. Zato jo raje odcedim in tej preprosti omaki dodam lastno ekstra deviško oljčno olje.

1 kozarec vloženih posušenih paradižnikov, odcejenih

1 majhen strok česna

1/4 skodelice ekstra deviškega oljčnega olja

1 žlica balzamičnega kisa

Sol

1 funt linguina

6 svežih listov bazilike, zloženih in narezanih na tanke trakove

1. V kuhinjskem robotu ali mešalniku zmešajte paradižnike in česen ter jih pretlačite, dokler niso zelo fini. Počasi dodajte olje in kis ter mešajte do gladkega. okusite začimbo.

2. V veliki ponvi zavrite vsaj 4 litre vode. Dodajte 2 žlici soli, nato dodajte testenine in rahlo pritiskajte, dokler niso popolnoma potopljene v vodo. Dobro premešaj. Na močnem ognju med pogostim mešanjem kuhajte, dokler testenine niso al dente, mehke, a čvrste na ugriz. Odstavite nekaj vode za kuhanje. Testo odcedimo.

3. V večji skledi stresemo testenine s paradižnikovo omako in svežo baziliko ter po potrebi dodamo nekaj prihranjene vode za testenine. Postrezite takoj.

Različica: Testeninam in omaki dodamo pločevinko odcejene tune v oljčnem olju. Ali pa dodajte nekaj sesekljanih črnih oliv ali sardonov.

Špageti s papriko, pekorinom in baziliko

Špageti s feferoni

Za 4-6 obrokov

Uživanje špagetov, lingvin ali drugih dolgih testenin z žlico in vilicami v Italiji ni dobro vedenje, prav tako rezanje pramenov na kratke kose. Otroci se že od malih nog naučijo oviti nekaj pramenov testenin okoli vilic in jih pravilno pojesti brez čokanja.

Po eni od zgodb naj bi v ta namen sredi 19. stoletja izumili trikrake vilice. Do tedaj so testenine vedno jedli z rokami, vilice pa so imele le dva roglja, saj so z njimi predvsem rezali meso. II. Neapeljski kralj Ferdinand je prosil komornika Cesareja Spadaccinija, naj najde način za postrežbo dolgih testenin na dvornih banketih. Spadaccini je izumil trikrake vilice in ostalo je zgodovina.

Sveži pekoči čiliji so značilni za kalabrijsko kuhinjo. Tu se kombinira s papriko in postreže s špageti. Nariban pecorino je okusen, slan kontrapunkt sladkosti paprike in bazilike.

1/4 skodelice oljčnega olja

4 velike rdeče paprike, narezane na tanke trakove

1 ali 2 majhna sveža čilija, brez semen in narezana, ali ščepec mlete rdeče paprike

Sol

2 stroka česna, narezana na tanke rezine

12 tanko narezanih listov sveže bazilike

1/3 skodelice sveže naribanega Pecorina Romana

1 kilogram špagetov

1. V ponvi, ki je dovolj velika za kuhane testenine, segrejte olje na srednje močnem ognju. Dodajte papriko, čili in sol. Med občasnim mešanjem kuhamo 10 minut.

2. Vmešaj česen. Pokrijte in kuhajte še 10 minut oziroma toliko časa, da se paprika zelo zmehča. Odstavite z ognja in vmešajte baziliko.

3. V veliki ponvi zavrite vsaj 4 litre vode. Dodajte 2 žlici soli, nato dodajte testenine in rahlo pritiskajte, dokler niso popolnoma potopljene v vodo. Dobro premešaj. Med pogostim mešanjem kuhajte, dokler špageti niso al dente, mehki, a čvrsti na ugriz. Odstavite nekaj vode za kuhanje. Testenine precedimo in skupaj z omako damo v ponev.

4. Na zmernem ognju med nenehnim mešanjem kuhamo 1 minuto. Dobro premešamo in dodamo nekaj vode za testenine. Dodamo sir in ponovno premešamo. Postrezite takoj.

Penne z bučkami, baziliko in jajcem

Penne con Zucchine in Uova

Za 4-6 obrokov

Še naprej velja mit, da so testenine "izumili" na Kitajskem in jih v Italijo prinesel Marco Polo. Medtem ko so testenine jedli, ko je Polo obiskal Kitajsko, so bile testenine v Italiji poznane že dolgo preden se je leta 1279 vrnil v Benetke. Arheologi so našli risbe in posode za kuhanje, ki spominjajo na sodobna orodja za pripravo testenin, kot je npr. B. Valjar in rezalna plošča, v etruščanski grobnici v pr. iz 4. stoletja. pr. n. št Severno od Rima. Legenda verjetno izvira iz njegove hollywoodske upodobitve beneškega raziskovalca v filmu iz leta 1930, v katerem je igral Gary Cooper.

V tem neapeljskem receptu toplota testenin in zelenjave skuha jajca, dokler niso kremasta in rahlo strjena.

4 srednje velike bučke (približno 1 1/4 funtov), olupljene

1/3 skodelice olivnega olja

1 majhna čebula, drobno sesekljana

Sol in sveže mlet črni poper

3 velika jajca

1/2 skodelice sveže naribanega Pecorina Romano ali Parmigiano-Reggiano

1 funt peresnikov

1/2 skodelice sesekljane sveže bazilike ali peteršilja

1. Bučke narežite na 1/4 palca debele palčke, dolge približno 1 1/2 palca. Kose obrišite do suhega.

2. Olje vlijemo v ponev, ki je dovolj velika, da vanjo vzamemo kuhane testenine. Dodajte čebulo in kuhajte na srednje močnem ognju, občasno premešajte, dokler se ne zmehča, približno 5 minut. Dodajte bučke in med pogostim mešanjem kuhajte, dokler rahlo ne porjavijo, približno 10 minut. Solimo in popramo.

3. V srednji skledi začinite jajca s sirom, soljo in poprom.

4. Medtem ko se bučke pečejo, v veliki kozici zavremo približno 4 litre vode. Dodajte 2 žlici soli in testenine. Dobro premešaj. Na močnem ognju med pogostim mešanjem kuhajte, dokler testenine niso al dente, mehke, a čvrste na ugriz. Odstavite nekaj vode za kuhanje. Testenine precedimo in skupaj z omako damo v ponev.

5. Testo zmešamo z jajčno mešanico. Dodamo baziliko in dobro premešamo. Če se vam testenine zdijo suhe, dodajte nekaj vode za kuhanje. Dodamo obilen ščepec popra in takoj postrežemo.

Testenine z grahom in jajci

Testenine s Piselli

Za 4 porcije

Moja mama je to staromodno jed pogosto pripravljala, ko sem bil otrok. Uporabil je grah iz pločevinke, jaz pa imam rada zamrznjenega, ker je bolj svežega okusa in čvrstejše teksture. Razbijanje špagetov na majhne koščke je morda v nasprotju s tradicijo, vendar je ključ do izvora recepta. Ko so bili ljudje revni in je bilo hrane veliko, je bilo sestavine enostavno povečati z dodajanjem dodatne vode in iz nje narediti juho.

To je eden tistih obrokov, ki jih lahko vedno pripravim, saj imam redko vrečko graha v zamrzovalniku, testenine v shrambi in nekaj jajc v hladilniku. Ker so grah, jajca in testenine precej nasitni, običajno pripravim to količino za 4 porcije. Dodajte funt testenin, če želite 6-8 obrokov.

1/4 skodelice oljčnega olja

1 velika rdeča čebula, narezana na tanke rezine

1 paket zamrznjenega mladega graha, delno odmrznjenega

Sol in sveže mlet črni poper

2 veliki jajci

1/2 skodelice sveže naribanega parmigiano-reggiana

1/2 funta špagetov ali lingvin, zlomljenih na 2-palčne kose

1. Olje vlijemo v ponev, ki je dovolj velika, da sprejme testenine. Dodajte čebulo in kuhajte na srednje močnem ognju, občasno premešajte, dokler se čebula ne zmehča in rahlo porjavi (približno 12 minut). Primešamo grah in kuhamo še 5 minut, da se grah zmehča. Solimo in popramo.

2. V srednji skledi začinite jajca s sirom, soljo in poprom.

3. V veliki ponvi zavrite vsaj 4 litre vode. Dodajte 2 žlici soli, nato pa testenine. Dobro premešaj. Med pogostim mešanjem kuhajte na močnem ognju, dokler testenine niso mehke, a rahlo kuhane. Testenine odcedimo in prihranimo nekaj vode za kuhanje.

4. V ponvi zmešamo testenine z grahom. Dodamo jajčno zmes in kuhamo na majhnem ognju ob stalnem mešanju, dokler se jajca rahlo ne zmehčajo, približno 2 minuti. Če se testenine zdijo suhe, dodajte malo vode za kuhanje. Postrezite takoj.

Linguine s stročjim fižolom, paradižnikom in baziliko

Lingiune con Fagiolini

Za 4-6 obrokov

Ricotta salata je soljena in stisnjena oblika ricotte. Če ga ne najdete, ga nadomestite z blagim, neslanim feta sirom ali svežo rikoto in naribanim pecorinom. Te testenine so značilne za Apulijo.

12 unč zelenega fižola, sesekljanega

Sol

¼ skodelice oljčnega olja

1 strok česna, drobno sesekljan

5 srednjih paradižnikov, olupljenih, brez semen in narezanih (približno 3 skodelice)

Sveže mleti črni poper

1 funt linguina

½ skodelice sesekljane sveže bazilike

1 skodelica naribane solate iz rikote, blage fete ali sveže rikote

1. Zavremo 4 litre vode. Dodajte stročji fižol in sol po okusu. Kuhajte 5 minut ali dokler ne postane hrustljavo. Stročji fižol odcedite z žlico z režami ali cedilom in prihranite vodo. Posušite fižol. Fižol narežite na 1-palčne dolžine.

2. Olje vlijemo v ponev, ki je dovolj velika, da vanjo vzamemo kuhane testenine. Dodajte česen in kuhajte na zmernem ognju, dokler ni rahlo zlate barve, približno 2 minuti.

3. Dodajte paradižnik ter sol in poper po okusu. Med občasnim mešanjem kuhamo toliko časa, da se paradižniki zgostijo in sok izhlapi. Vmešamo fižol. Dušimo še 5 minut.

4. Medtem zavremo lonec vode. Dodajte 2 žlici soli, nato dodajte linguine in rahlo pritiskajte navzdol, dokler niso testenine popolnoma potopljene v vodo. Na močnem ognju med pogostim mešanjem kuhajte, dokler testenine niso al dente, mehke, a čvrste na ugriz. Odstavite nekaj vode za kuhanje. Testenine precedimo in skupaj z omako damo v ponev.

5.Linguine stresemo v ponev z omako. Dodajte baziliko in sir, nato ponovno zavrite na srednje močnem ognju, dokler sir ni kremast. Postrezite takoj.

Ušesa s krompirjevo kremo in rukolo

Orecchiette s Crema di Patate

Za 4-6 obrokov

Divja rukola raste po vsej Apuliji. S hrustljavim, ozkim, nazobčanim rezilom in privlačnim okusom po oreščkih. Liste uživamo surove in kuhane, pogosto z rezanci. Krompir je škrobnat, a v Italiji velja le za drugo zelenjavo. Zato ni dvoma, da ga predvsem v Pugliji postrežejo s testeninami. Krompir skuhamo do mehkega, nato pa ga z vrelo vodo pretlačimo v kremo.

2 srednje vrela krompirja, približno 12 oz

Sol

1/4 skodelice oljčnega olja

1 strok česna, drobno sesekljan

1 funt orecchiette ali pokrovače

2 šopka rukole (približno 8 unč), trda stebla odstranimo, splaknemo in odcedimo

Sol in sveže mlet črni poper

1. Olupite krompir in ga položite v majhno ponev s soljo po okusu in hladno vodo, da je pokrita. Zavremo vodo in kuhamo krompir, dokler se ne zmehča, ko ga prebodemo z ostrim nožem, približno 20 minut. Krompir odcedite, vodo pa prihranite.

2. V srednje veliko ponev vlijemo olje. Dodajte česen in kuhajte na zmernem ognju, dokler česen ne postane zlato rjav, približno 2 minuti. Odstranite z ognja. Dodamo krompir in ga dobro pretlačimo z vilicami ali pretlačilko. Vmešajte približno skodelico prihranjene vode, da dobite redko "smetano". Solimo in popramo.

3. Zavremo 4 litre vode. Dodajte 2 žlici soli, nato pa testenine. Dobro premešaj. Na močnem ognju med pogostim mešanjem kuhajte, dokler testenine niso al dente, mehke, a čvrste na ugriz. Dodamo rukolo in enkrat premešamo. Testenine in rukolo odcedimo.

4. V lonec vrnemo testenine in rukolo ter dodamo krompirjevo omako. Na majhnem ognju med mešanjem kuhamo in po potrebi dodamo še malo krompirjeve vode. Postrezite takoj.

testenine in krompir

Testenine in paštete

Za 6 obrokov

Tako kot testenine s fižolom ali lečo so tudi testenine in krompir dobri primeri La Cucina Povera, južnoitalijanskega načina priprave okusne hrane z nekaj skromnimi sestavinami. Ko so bili časi zelo revni in je bilo veliko hranjenja, je bilo običajno dodajati dodatno vodo, običajno tekočino, ki je ostala pri kuhanju zelenjave ali kuhanju testenin, in te jedi so stregli od testenin do juh, da so jih lahko nadaljevali.

1/4 skodelice oljčnega olja

1 srednje velik korenček, drobno narezan

1 srednja palica zelene, drobno narezana

1 srednje velika rdeča čebula, drobno sesekljana

2 stroka česna, drobno sesekljana

2 žlici sesekljanega svežega peteršilja

3 žlice paradižnikove paste

Sol in sveže mlet črni poper

1 1/2 funta kuhanega krompirja, olupljenega in narezanega na kocke

1 kilogram tubetti ali majhnih školjk

1/2 skodelice sveže naribanega Pecorina Romano ali Parmigiano-Reggiano

1. V večjo ponev vlijemo olje in dodamo sesekljane sestavine razen krompirja. Kuhajte na srednje močnem ognju, občasno premešajte, dokler ni mehka in zlato rjava, približno 15-20 minut.

2. Primešamo paradižnikovo mezgo ter začinimo s soljo in poprom. Dodajte krompir in 4 skodelice vode. Zavremo in kuhamo, dokler se krompir zelo ne zmehča, približno 30 minut. Krompir pretlačimo s hrbtno stranjo žlice.

3. V veliki ponvi zavrite približno 4 litre vode. Dodajte 2 žlici soli, nato pa testenine. Dobro premešaj. Med pogostim

mešanjem kuhajte, dokler testenine niso al dente, mehke, a odporne na ugrize. Odstavite nekaj vode za kuhanje. Testenine vmešamo v krompirjevo mešanico. Po potrebi dodamo vodo za kuhanje, vendar mora biti zmes precej gosta. Vmešajte sir in takoj postrezite.

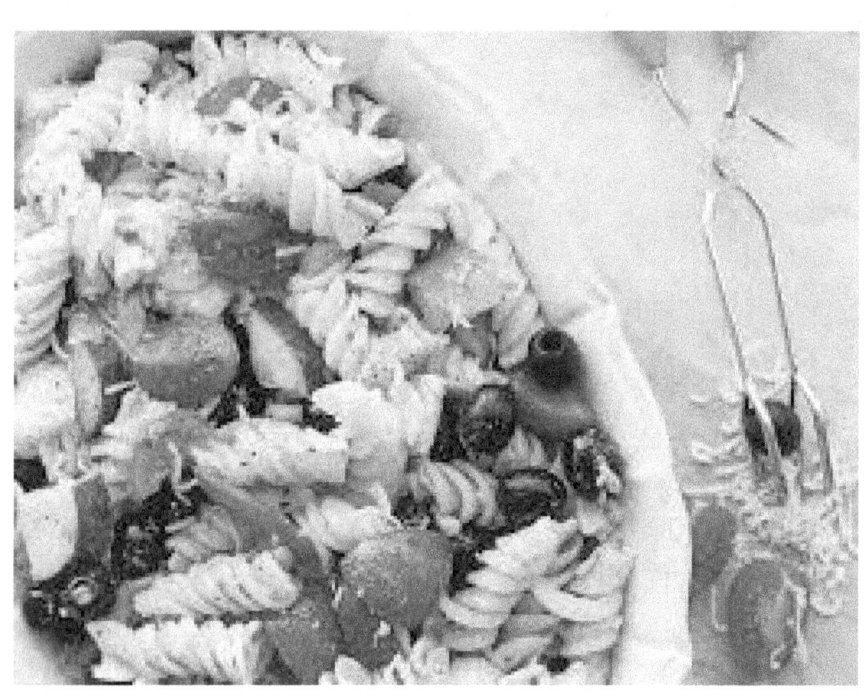

Školjke s cvetačo in sirom

Conchiglie al Cavolfiore

Za 6 obrokov

Vsestranska cvetača je zvezda mnogih testeninskih jedi v južni Italiji. Na Siciliji so to preprosto jed pripravljali iz tamkajšnje škrlatne cvetače.

1/2 skodelice oljčnega olja

1 srednja čebula, drobno sesekljana

1 srednja cvetača, očiščena in narezana na zalogaj velike cvetove

Sol

2 žlici sesekljanega svežega peteršilja

Sveže mleti črni poper

1 funt školjk

3/4 skodelice sveže naribanega Pecorina Romana

1. Olje vlijemo v ponev, ki je dovolj velika, da vanjo vzamemo kuhane testenine. Dodamo čebulo in kuhamo na srednjem ognju 5 minut. Dodamo cvetačo in sol po okusu. Pokrijte in kuhajte 15 minut oziroma dokler se cvetača ne zmehča. Vmešajte peteršilj in črni poper po okusu.

2. V veliki ponvi zavrite vsaj 4 litre vode. Dodajte 2 žlici soli, nato pa testenine. Dobro premešaj. Kuhajte na močnem ognju in pogosto mešajte, dokler testenine niso al dente, mehke, a še vedno čvrste. Testenine odcedimo in prihranimo nekaj vode za kuhanje.

3. Testenine dodajte v ponev s cvetačo in dobro premešajte na zmernem ognju. Po potrebi dodamo malo vode za kuhanje. Dodajte sir in ponovno obilno potresite z mletim črnim poprom. Postrezite takoj.

Testenine s cvetačo, žafranom in ribezom

Arriminati testenine

Za 6 obrokov

Od vijolično-bele do grahasto zelene sorte sicilijanske cvetače so čudovitega okusa, ko so sveže nabrane jeseni in pozimi. To je ena izmed mnogih sicilijanskih kombinacij testenin in cvetače. Žafran doda zlato barvo in nežen okus, ribez in sardoni pa sladkobo in slanost. Popečene krušne drobtine dodajo prijeten hrustljav okus kot zadnji pridih.

1 čajna žlička žafrana

2/3 skodelice ribeza ali temnih rozin

Sol

1 večja cvetača (približno 2 kg), očiščena in narezana na cvetove

1/3 skodelice olivnega olja

1 srednja čebula, drobno sesekljana

6 filejev inčunov, odcejenih in narezanih

Sveže mleti črni poper

1/3 skodelice pinjol, rahlo opečenih

1 funt peresnikov ali školjk

1/4 skodelice popečenih navadnih krušnih drobtin

1. V manjši skledi poškropite žafranove nitke z 2 žlicama vrele vode. Ribez postavite v drugo posodo z vročo vodo, da je pokrit. Oboje pustite stati približno 10 minut.

2. V veliki ponvi zavrite vsaj 4 litre vode. Dodamo 2 žlici soli in cvetačo. Med pogostim mešanjem kuhajte, dokler cvetača ni zelo mehka, ko jo prebodete z nožem, približno 10 minut. Cvetačo izrežemo z rešetkasto žlico, vodo pa prihranimo za kuhanje testenin.

3. Olje vlijemo v ponev, ki je dovolj velika, da vanjo vzamemo kuhane testenine. Dodamo čebulo in kuhamo na srednjem ognju 10 minut. Dodajte inčune in med pogostim mešanjem kuhajte še 2 minuti, dokler se ne raztopijo. Vmešajte žafran in tekočino za namakanje. Ribez odcedimo in damo v ponev.

4. Primešamo kuhano cvetačo. Odstranite iz vode za kuhanje in dodajte v ponev s cvetačo. Kuhajte 10 minut in cvetačo pretlačite s hrbtno stranjo žlice, dokler ne razpade na majhne koščke. Solimo in popramo po okusu. Vmešajte pinjole.

5. Medtem ko se cvetača kuha, vodo za kuhanje ponovno zavremo. Dodamo testenine in dobro premešamo. Na močnem ognju med pogostim mešanjem kuhajte, dokler testenine niso al dente, mehke, a čvrste na ugriz. Odstavite nekaj vode za kuhanje. Testenine precedimo in dodamo v ponev s cvetačno mešanico. Dobro premešamo in dodamo malo vode za kuhanje, če se testenine zdijo suhe.

6. Testenine postrežemo potresene s praženimi drobtinami.

Muhe z artičokami in grahom

Farfalle con Carciofi

Za 4-6 obrokov

Čeprav se mnoga italijanska letovišča v zimskih mesecih zaprejo, se večina ponovno odpre za veliko noč. Tako je bilo eno leto v Portofinu, ko sem bil tam, čeprav je bilo vreme deževno in hladno. Končno se je nebo razjasnilo, pokazalo se je sonce in z možem sva lahko kosila na terasi našega hotela s pogledom na morje.

Začeli smo s to testenino, nato pa celo ribo, popečeno z olivami. Sladica je bila limonina torta. Bila je popolna velikonočna jed.

Če nimate artičok, jih nadomestite z večjimi artičokami, ki jih narežete na rezine.

1 kilogram mladih artičok

2 žlici oljčnega olja

1 majhna čebula, drobno sesekljana

1 strok česna, drobno sesekljan

Sol in sveže mlet črni poper

2 skodelici svežega graha ali 1 paket zamrznjenega

1⁄2 skodelice sesekljane sveže bazilike ali ploščatega peteršilja

1 funt farfalle

1⁄2 skodelice sveže naribanega parmigiano-reggiana

1. Z velikim nožem odrežite zgornji del artičoke za 1 cm. Dobro jih sperite pod mrzlo vodo. Nagnite se nazaj in odrežite majhne liste okoli podstavka. S škarjami odrežite koničasto konico preostalih listov. Odrežite trdo zunanjo kožico okoli stebel in dna. Artičoke prerežite na pol. Z majhnim nožem z zaobljeno konico postrgajte mehke liste v sredini. Artičoke narežemo na tanke rezine.

2. Olivno olje vlijemo v ponev, ki je dovolj velika, da sprejme kuhane testenine. Dodamo čebulo in česen ter med občasnim mešanjem kuhamo na zmernem ognju 10 minut.

Dodajte artičoke in 2 žlici vode. Solimo in popramo po okusu. Kuhajte 10 minut ali dokler se artičoke ne zmehčajo.

3. Primešamo še grah. Kuhajte 5 minut oziroma dokler se grah ne zmehča. Odstavite z ognja in vmešajte baziliko.

4. Zavrite vsaj 4 litre vode. Dodajte 2 žlici soli, nato pa testenine. Dobro premešaj. Med pogostim mešanjem kuhajte, dokler testenine niso al dente, mehke, a odporne na ugrize. Odstavite nekaj vode za kuhanje. Testo odcedimo.

5. Testenine prelijemo z omako iz artičok in po potrebi z malo vode za kuhanje. Dodajte kanček ekstra deviškega oljčnega olja in ponovno premešajte. Zmešajte s sirom in takoj postrezite.

Fettuccine z artičokami in jurčki

Fettuccine Con Carciofi in Porcini

Za 4-6 obrokov

Artičoke in jurčki se morda zdijo nenavadna kombinacija, a ne v Liguriji, kjer sem jedel te testenine. Ker je ta jed tako okusna, nariban sir ni potreben, še posebej, če jo začinite z dobrim ekstra deviškim oljčnim oljem.

1 unča posušenih jurčkov

1 skodelica tople vode

1 kilogram artičok

1/4 skodelice oljčnega olja

1 majhna čebula, drobno sesekljana

1 strok česna, zelo drobno sesekljan

2 žlici sesekljanega svežega peteršilja

1 skodelica svežih paradižnikov, olupljenih, brez semen in narezanih, ali konzerviranih uvoženih italijanskih paradižnikov, odcejenih in narezanih

Sol in sveže mlet črni poper

1 funt posušenih fettuccine

Ekstra deviško olivno olje

1. Gobe položite v vodo in pustite, da se namakajo 30 minut. Gobe vzamemo iz vode in prihranimo tekočino. Gobe sperite pod hladno tekočo vodo, da odstranite umazanijo. Posebno pozornost je treba nameniti koncem stebel, kjer se nabira zemlja. Gobe grobo sesekljajte. Tekočino iz gob vlijemo v skledo. Daš me na stran.

2. Z velikim nožem odrežite zgornji del artičoke za 1 cm. Dobro jih sperite pod mrzlo vodo. Nagnite se nazaj in odrežite majhne liste okoli podstavka. S škarjami odrežite koničasto konico preostalih listov. Odrežite trdo zunanjo kožico okoli stebel in dna. Artičoke prerežite na pol. Z majhnim nožem postrgajte mehke liste v sredini. Artičoke narežemo na tanke rezine.

3. Olje vlijemo v ponev, ki je dovolj velika, da vanjo vzamemo kuhane testenine. Dodamo čebulo, gobe, peteršilj in česen ter kuhamo na srednjem ognju 10 minut. Vmešajte artičoke in paradižnik ter po okusu začinite s soljo in poprom. Pustite vreti 10 minut. Dodajte tekočino iz gob in kuhajte še 10 minut oziroma dokler se artičoke ne zmehčajo, ko jih preizkusite z nožem.

4. V veliki ponvi zavrite 4 litre vode. Dodajte 2 žlici soli, nato pa testenine. Dobro premešaj. Na močnem ognju med pogostim mešanjem kuhajte, dokler testenine niso al dente, mehke, a čvrste na ugriz. Odstavite nekaj vode za kuhanje. Testo odcedimo.

5. Testenine prelijemo z omako in po potrebi z malo vode za kuhanje. Pokapajte z ekstra deviškim oljčnim oljem in takoj postrezite.

Rigatoni z ragujem iz jajčevcev

Rigatoni z Ragu di Melanzane

Za 4-6 obrokov

Ragù je običajno pripravljen z mesom, dodanim paradižnikovi omaki, vendar vegetarijanska različica Basilicate uporablja jajčevce, ker je podobno bogata in aromatična.

Rigav imenu oblike testenin, kot sta rigatoni ali penne rigate, nakazuje, da ima rebra, ki služijo kot držala za omako. Rigatoni so velike, žlebaste cevi testenin. Njihova debela in velika oblika dopolnjuje krepke krpe z debelimi sestavinami.

1/4 skodelice oljčnega olja

1/4 skodelice sesekljane šalotke

4 skodelice narezanih jajčevcev

1/2 skodelice sesekljane rdeče paprike

1/2 skodelice suhega belega vina

1 1/2 funta slivovih paradižnikov, olupljenih, brez semen in narezanih na kocke ali 2 skodelici konzerviranih uvoženih italijanskih paradižnikov s sokom

Vejica svežega timijana

Sol

Sveže mleti črni poper

1 funt rigatoni, penne ali farfalle

Ekstra deviško oljčno olje za prelivanje

1. Vlijte olje v veliko, težko ponev. Dodamo šalotko in kuhamo na srednjem ognju 1 minuto. Dodamo jajčevce in rdečo papriko. Med pogostim mešanjem kuhajte, dokler zelenjava ne oveni, približno 10 minut.

2. Dodamo vino in kuhamo 1 minuto, dokler ne izhlapi.

3. Dodajte paradižnik, timijan, sol in poper po okusu. Zmanjšajte toploto na nizko. Med občasnim mešanjem kuhajte 40 minut ali dokler omaka ni gosta in zelenjava zelo

mehka. Če zmes postane presuha, dodajte malo vode. Odstranite timijan.

4. V veliki ponvi zavrite vsaj 4 litre vode. Dodajte 2 žlici soli, nato pa testenine. Dobro premešaj. Na močnem ognju med pogostim mešanjem kuhajte, dokler testenine niso al dente, mehke, a čvrste na ugriz. Odstavite nekaj vode za kuhanje. Testo precedimo in damo v toplo skledo.

5. Z žlico prelijemo omako in dobro premešamo. Po potrebi dodamo malo vode za kuhanje. Pokapajte z malo ekstra deviškega oljčnega olja in ponovno premešajte. Postrezite takoj.

Sicilijanski špageti z jajčevci

Norma špageti

Za 4-6 obrokov

*Norma*ime čudovite opere, ki jo je zložil Sicilijanec Vincenzo Bellini. Te testenine iz jajčevcev, zelenjave, priljubljene na Siciliji, so poimenovali v čast opere.

Ricotta salata je stisnjena oblika ricotte, ki je dobra tudi narezana kot namizni sir ali naribana poleg testenin. Obstaja tudi dimljena različica, ki je še posebej okusna, čeprav je zunaj Sicilije nisem videl. Če ne najdete solate z rikoto, jo nadomestite s feto, ki je zelo podobna, ali uporabite pecorino romano.

1 srednji jajčevec, obrezan in narezan na 1/4-palčne debele rezine

Sol

Oljčno olje za cvrtje

2 stroka česna, rahlo zdrobljena

Ščepec mlete rdeče paprike

3 funte zrelih češpljevih paradižnikov, olupljenih, brez semen in narezanih, ali 1 (28 oz.) uvoženih italijanskih olupljenih paradižnikov, odcejenih in narezanih

6 listov sveže bazilike

1 kilogram špagetov

1 skodelica naribane solate ricotta ali pecorino romano

1. Rezine jajčevcev položite v cedilo nad krožnik in vsako plast potresite s soljo. Pustite stati 30-60 minut. Jajčevce oplaknemo in osušimo s papirnato brisačo.

2. V globoko, težko ponev nalijte približno 1/2 palca olja. Olje segrevajte na srednje močnem ognju, dokler v ponvi ne zacvrči majhen košček jajčevca. Rezine jajčevcev posamično popečemo do zlato rjave barve na obeh straneh. Odcedimo na papirnati brisači.

3. V srednje veliko ponev vlijemo 3 žlice olja. Dodajte česen in zdrobljeno rdečo papriko ter kuhajte na srednje močnem ognju, dokler česen ne postane globoko zlato rjav, približno

4 minute. Odstranite česen. Dodajte paradižnik in sol po okusu. Zmanjšajte ogenj na nizko in kuhajte 20-30 minut oziroma dokler se omaka ne zgosti. Vmešajte baziliko in ugasnite ogenj.

4. V veliki ponvi zavrite vsaj 4 litre vode. Dodajte 2 žlici soli, nato pa testenine. Dobro premešaj. Kuhajte na močnem ognju in pogosto mešajte, dokler testenine niso al dente, mehke, a še vedno čvrste. Odstavite nekaj vode za kuhanje. Testo odcedimo.

5. Testenine z omako damo v toplo posodo, po potrebi dolijemo malo vode za kuhanje. Dodamo sir in ponovno premešamo. Po vrhu razporedite rezine jajčevca in takoj postrezite.

Metuljček z brokolijem, paradižnikom, pinjolami in rozinami

Farfalle alla Siciliana

Za 4-6 obrokov

Pinjole dodajo prijeten hrustljav okus, rozine pa dodajo sladkobo tem okusnim sicilijanskim testeninam. Brokoli kuhamo v istem loncu kot testenine, zato se okusi zelo dobro povežejo. Če namesto slivovega uporabite velike okrogle paradižnike, jih lahko nadomestite, vendar bo omaka redkejša in se lahko kuha nekoliko dlje.

1/3 skodelice olivnega olja

2 stroka česna, drobno sesekljana

Ščepec mlete rdeče paprike

2 1/2 funta svežih slivovih paradižnikov (približno 15), olupljenih, brez semen in narezanih

Sol in sveže mlet črni poper

2 žlici rozin

1 funt farfalle

1 srednji šop brokolija, ki mu odstranite stebla in narežemo na majhne cvetove

2 žlici praženih pinjol

1. Olje vlijemo v ponev, ki je dovolj velika, da sprejme testenine. Dodamo česen in strto rdečo papriko. Kuhajte na srednjem ognju, dokler česen ni zlato rjav, približno 2 minuti. Dodajte paradižnik ter sol in poper po okusu. Zavremo in kuhamo, dokler se omaka ne zgosti, 15-20 minut. Vmešamo rozine in odstavimo z ognja.

2. V veliki ponvi zavrite vsaj 4 litre vode. Dodajte 2 žlici soli, nato pa testenine. Dobro premešaj. Med pogostim mešanjem kuhamo, dokler voda ponovno ne zavre.

3. Testeninam dodajte brokoli. Med pogostim mešanjem kuhajte, dokler testenine niso al dente, mehke, a odporne na ugrize. Odstavite nekaj vode za kuhanje.

4. Testenine in brokoli precedimo. Damo v ponev s paradižniki, po potrebi dolijemo malo vode za kuhanje. Dobro vrzi. Potresemo s pinjolami in takoj postrežemo.

Cavatelli z zelenjem česna in krompirjem

Cavatelli z Verdure in Patate

Za 4-6 obrokov

Umivanje zelenja morda ni moje najljubše opravilo, a iskanje peska v hrani je še hujše, zato ga operem vsaj trikrat. Vredno se je potruditi. V tem receptu lahko uporabite samo eno sorto, vendar mešanica dveh ali treh različnih zelenic daje jedi zanimivo teksturo in okus.

V tem receptu je treba krompir narezati na majhne koščke, da se skuha skupaj s testeninami. Malo bo razkuhano in drobljivo, zato bo testo kremasto gladko.

1 1/2 funta izbranega zelenja, kot so brokoli, mizuna, gorčično zelenje, ohrovt ali regratovo zelenje, sesekljano

Sol

1/3 skodelice olivnega olja

4 stroki česna, na tanko narezani

Ščepec mlete rdeče paprike

Sol in sveže mlet črni poper

1 funt cavatellija

1 funt kuhanega krompirja, olupljen in narezan na 1/2-palčne kose

1. Napolnite umivalnik ali veliko skledo s hladno vodo. Dodamo zelenje in zalijemo z vodo. Zelenje prestavimo v cedilo, zamenjamo vodo in ponovimo vsaj še dvakrat, da odstranimo morebitne sledi peska.

2. Zavrite velik lonec vode. Dodajte zelenje in sol po okusu. Odvisno od uporabljene sorte kuhajte 5-10 minut, dokler se zelena ne zmehča. Zeleno odcedimo in rahlo ohladimo pod mrzlo tekočo vodo. Zelenjavo narežemo na grižljaj velike kocke.

3. Olje vlijemo v ponev, ki je dovolj velika, da vanjo vzamemo kuhane testenine. Dodamo česen in strto rdečo papriko. Kuhajte na srednjem ognju, dokler česen ne postane zlato rjav, 2 minuti. Dodamo zelenje in ščepec soli. Med

mešanjem kuhajte, dokler zelenjava ne vpije olja, približno 5 minut.

4. V veliki ponvi zavrite vsaj 4 litre vode. Dodajte 2 žlici soli, nato pa testenine. Med pogostim mešanjem kuhamo, dokler voda ponovno ne zavre. Dodajte krompir in kuhajte, dokler testenine niso al dente, mehke, a čvrste na ugriz. Odstavite nekaj vode za kuhanje. Testo odcedimo.

5. Zeleni dodamo testenine in krompir ter dobro premešamo. Če se vam testenine zdijo suhe, dodajte malo prihranjene vode za kuhanje. Postrezite takoj.

Linguine z bučkami

Linguine z bučkami

Za 4-6 obrokov

Uprite se želji po nakupu samo majhnih in srednje velikih bučk in recite ne vrtnarskim prijateljem, ki obupano potrebujejo buče v velikosti jazbečarja. Bučke velikanke so vodene, lepljive in brez okusa, toda tiste, ki so dolge kot hrenovka in ne debelejše od hrenovke, so mehke in okusne.

V tem receptu mi je še posebej všeč Pecorino Romano - pekoč in pikanten feta sir iz južne Italije.

6 majhnih zelenih ali rumenih bučk (približno 2 funta)

$1/3$ skodelice olivnega olja

3 stroki česna, drobno sesekljani

Sol in sveže mlet črni poper

$1/4$ skodelice sesekljane sveže bazilike

2 žlici sesekljanega svežega peteršilja

1 žlica sesekljanega svežega timijana

1 funt linguina

1/2 skodelice sveže naribanega Pecorina Romana

1. Bučke operemo pod mrzlo vodo. Odrežite konec. Razrežite po dolžini na četrtine, nato narežite.

2. V ponvi, ki je dovolj velika za testenine, segrejte olje na srednje močnem ognju. Dodajte bučke in kuhajte, občasno premešajte, dokler rahlo ne porjavijo in postanejo mehke, približno 10 minut. Bučke potisnemo ob stran ponve in dodamo česen, sol in poper. Pustimo kuhati 2 minuti. Dodamo zelišča, bučke vmešamo nazaj v začimbe, nato odstavimo z ognja.

3. Medtem ko se bučke kuhajo, v večji kozici zavremo 4 litre vode. Dodajte 2 žlici soli, nato pa testenine. Dobro premešaj. Na močnem ognju med pogostim mešanjem kuhajte, dokler testenine niso al dente, mehke, a čvrste na ugriz. Odstavite nekaj vode za kuhanje.

4. Testo odcedimo. Testenine dodamo v ponev k bučkam. Dobro premešamo in po potrebi dodamo malo vode za kuhanje. Dodamo sir in ponovno premešamo. Postrezite takoj.

Penne z zelenjavo na žaru

Testenine z Verdure alla Griglia

Za 4-6 obrokov

Čeprav na jajčevcu običajno pustim kožo, se koža na žaru strdi. Zato jih potegnem dol, preden zakurim žar. Če jajčevci niso sveži, jih lahko pred kuhanjem posolimo, da zmanjšamo grenkobo, ki se povečuje z zorenjem zelenjave. To storite tako, da jajčevce olupite in narežite na rezine, nato pa rezine položite v cedilo in vsako plast potresite z grobo soljo. Pustite stati 30-60 minut, da odstranite tekočino. Sol speremo, osušimo in skuhamo po navodilih.

2 funta slivovih paradižnikov (približno 12)

olivno olje

1 srednje velik jajčevec, olupljen in na debelo narezan

2 srednji rdeči ali beli sladki čebuli, narezani na debelo

Sol in sveže mlet črni poper

2 stroka česna, zelo drobno sesekljana

12 svežih listov bazilike, natrganih na majhne koščke

1 funt peresnikov

1/2 skodelice sveže naribanega Pecorina Romana

1. Rešetko za žar ali pečico postavite približno 5 cm od vira toplote. Predgrejte žar ali žar. Paradižnik položite na žar. Pogosto kuhajte s kleščami, dokler se paradižniki ne zmehčajo in koža rahlo zoglene in postane ohlapna. Odstranite paradižnik. Rezine jajčevca in čebule namažite z oljem, potresite s soljo in poprom. Pecite na žaru, dokler se zelenjava ne zmehča in porjavi, vendar ne počrni, približno 5 minut na vsako stran.

2. Paradižnik olupite in odrežite konce pecljev. Paradižnik damo v večjo skledo in dobro pretlačimo z vilicami. Vmešajte česen, baziliko, 1/4 skodelice olja ter sol in poper po okusu.

3. Jajčevec in čebulo na tanko narežemo in dodamo k paradižniku.

4. V veliki ponvi zavrite vsaj 4 litre vode. Dodajte 2 žlici soli, nato pa testenine. Dobro premešaj. Na močnem ognju med pogostim mešanjem kuhajte, dokler testenine niso al dente, mehke, a čvrste na ugriz. Nekaj tekočine od kuhanja odstavite.

5. Testo odcedimo. V veliki skledi zmešajte testenine z zelenjavo. Če se testenine zdijo suhe, dodajte malo vode za kuhanje. Dodajte sir in takoj postrezite.

Penne z gobami, česnom in rožmarinom

Penne z gobami

Za 4-6 obrokov

V tem receptu lahko uporabite katero koli vrsto gob, na primer: B. Ostrigar, Shiitake, Cremini ali običajne bele sorte. Kombinacija je še posebej dobra. Če imate res divje gobe, kot so smrčki, jih obvezno očistite, ker so lahko zelo krhke.

¼ skodelice oljčnega olja

1 kg gob, narezanih na tanke rezine

2 velika stroka česna, drobno sesekljana

2 žlički zelo drobno sesekljanega svežega rožmarina

Sol in sveže mlet črni poper

1 funt peresnikov ali farfalle

2 žlici nesoljenega masla

2 žlici sesekljanega svežega peteršilja

1. V ponvi, ki je dovolj velika za testenine, segrejte olje na srednje močnem ognju. Dodamo gobe, česen in rožmarin. Med pogostim mešanjem kuhajte, dokler gobe ne začnejo izpuščati tekočine, približno 10 minut. Solimo in popramo po okusu. Med pogostim mešanjem kuhajte, dokler gobe rahlo ne porjavijo, dodatnih 5 minut.

2. V veliki ponvi zavrite vsaj 4 litre vode. Dodajte 2 žlici soli, nato pa testenine. Dobro premešaj. Na močnem ognju med pogostim mešanjem kuhajte, dokler testenine niso al dente, mehke, a čvrste na ugriz. Odstavite nekaj vode za kuhanje.

3. Testo odcedimo. Testenine dodajte v ponev z gobami, maslom in peteršiljem. Če se testenine zdijo suhe, dodajte malo vode za kuhanje. Postrezite takoj.

Linguine z rdečo peso in česnom

Linguine z barbabietolom

Za 4-6 obrokov

Testenine in repa se morda zdijo nenavadna kombinacija, a odkar sem jo poskusil v majhnem mestu na obali Emilije-Romanje, je postala ena mojih najljubših. Ni le okusna, ampak tudi ena najlepših jedi s testeninami, kar jih poznam. Vsi so presenečeni nad njegovo osupljivo barvo. To naredite pozno poleti in zgodaj jeseni, ko je sveža pesa najslajša.

8 srednje velikih korenčkov, narezanih na rezine

1/3 skodelice olivnega olja

3 stroki česna, drobno sesekljani

Ščepec mlete rdeče paprike ali po okusu

Sol

1 funt linguina

1. Na sredino pečice postavite rešetko. Pečico segrejte na 450°F. Peso olupimo in tesno zavijemo v velik kos aluminijaste folije. Paket položite na pekač. Pečemo 45-75 minut, odvisno od velikosti, oziroma dokler pesa ni mehka, ko jo z ostrim nožem prebodemo v folijo. Pustite, da se pesa ohladi v foliji. Korenček olupimo in nasekljamo.

2. Olje vlijemo v ponev, ki je dovolj velika, da vanjo vzamemo kuhane testenine. Dodamo česen in strto rdečo papriko. Kuhajte na srednjem ognju, dokler česen ni zlato rjav, približno 2 minuti. Dodajte peso in mešajte v oljni mešanici, dokler se ne segreje.

3. V veliki ponvi zavrite vsaj 4 litre vode. Dodajte 2 žlici soli, nato pa testenine. Dobro premešaj. Na močnem ognju med pogostim mešanjem kuhajte, dokler testenine niso al dente, mehke, a čvrste na ugriz.

4. Testenine odcedimo in prihranimo nekaj vode za kuhanje. Linguine vlijemo v ponev s peso. Prilijemo malo vode od kuhanja in kuhamo na zmernem ognju. Testo premešajte z vilicami in žlico, dokler ni enakomerno obarvano, približno 2 minuti. Postrezite takoj.

Leti z repo in zelenjem

Farfalle v Barbabietole

Za 4-6 obrokov

To je različica<u>Linguine z rdečo peso in česnom</u>Recept s peso in pesnim zelenjem. Če so vrhovi pese videti mlahavi ali rjavi, nadomestite približno pol kilograma sveže špinače, blitve ali drugega zelenja.

1 šopek sveže pese na vrh (4-5 pese)

1/3 skodelice olivnega olja

2 velika stroka česna, drobno sesekljana

Sol in sveže mlet črni poper

1 funt farfalle

4 unče ricotta solate, narezane

1. Na sredino pečice postavite rešetko. Pečico segrejte na 450°F. Zelenje pese narežemo in odstavimo. Peso olupimo in tesno zavijemo v velik kos aluminijaste folije. Paket

položite na pekač. Pečemo 45-75 minut, odvisno od velikosti, oziroma dokler pesa ni mehka, ko jo z ostrim nožem prebodemo v folijo. Pustite, da se pesa ohladi v foliji. Odvijte folijo, olupite in narežite peso.

2. Zelenje temeljito operemo in odstranimo trda stebla. Zavrite velik lonec vode. Dodajte zelenje in sol po okusu. Kuhajte 5 minut ali dokler se zelena skoraj ne zmehča. Zelenje precedimo in ohladimo pod tekočo vodo. Zelenje grobo sesekljajte.

3. Olje vlijemo v ponev, ki je dovolj velika, da sprejme vse testenine in zelenjavo. Dodajte česen. Kuhajte na srednjem ognju, dokler česen ni zlato rjav, približno 2 minuti. Dodajte peso in zeleno ter ščepec soli in popra. Med mešanjem kuhajte približno 5 minut oziroma dokler se zelenjava ne segreje.

4. V veliki ponvi zavrite vsaj 4 litre vode. Dodajte 2 žlici soli, nato pa testenine. Dobro premešaj. Na močnem ognju med pogostim mešanjem kuhajte, dokler testenine niso al dente, mehke, a čvrste na ugriz.

5. Testenine odcedimo in prihranimo nekaj vode za kuhanje. Testenine dodajte v ponev s peso. Prilijemo malo vode od kuhanja in ob stalnem mešanju kuhamo toliko časa, da se testenine enakomerno obarvajo, približno 1 minuto. Dodajte sir in ponovno premešajte. Postrezite takoj, obilno potreseno s sveže mletim črnim poprom.

Testenine s solato

Testenine al Insalata

Za 4-6 obrokov

Testenine s solato iz sveže zelenjave so prijeten, lahek poletni obrok. To se je zgodilo, ko sem bil na obisku pri prijateljih v Piemontu. Ne pustite predolgo, sicer bo zelenjava izgubila svetel okus in videz.

2 srednje velika paradižnika, narezana

1 srednja čebulica koromača, obrezana in narezana na koščke

1 manjša rdeča čebula drobno sesekljana

1/4 skodelice ekstra deviškega oljčnega olja

2 žlici bazilike, narezane na tanke trakove

Sol in sveže mlet črni poper

2 skodelici rukole, narezane, natrgane na velike koščke

1 kilogramski komolec

1.V veliki skledi zmešajte paradižnik, koromač, čebulo, olivno olje, baziliko in po okusu začinite s soljo in poprom. Dobro premešaj. Povrhu z rukolo.

2.V veliki ponvi zavrite vsaj 4 litre vode. Dodajte 2 žlici soli, nato pa testenine. Na močnem ognju med pogostim mešanjem kuhajte, dokler testenine niso al dente, mehke, a čvrste na ugriz. Odstavite nekaj vode za kuhanje. Testo odcedimo.

3.Testenine zmešamo s solatno mešanico. Če se testenine zdijo suhe, dodajte malo vode za kuhanje. Postrezite takoj.

Fusilli s pečenimi paradižniki

Fusilli s Pomodori al Forno

Za 4-6 obrokov

Pečen paradižnik je zame priljubljena priloga, ki jo postrežem k ribam, telečjim kotletom ali zrezkom. Nekega dne sem pripravil veliko ponev, polno hrane, a sem jo postregel samo s posušenimi testeninami. Sveže kuhanim fužełom sem prelila pečene paradižnike in njihov sok. Zdaj to počnem ves čas.

2 funta zrelih slivovih paradižnikov (približno 12-14), narezanih na 1/4-palčne rezine

3 veliki stroki česna, drobno sesekljani

1/2 čajne žličke posušenega origana

Sol in sveže mlet črni poper

1/3 skodelice olivnega olja

1 kilogram fusillov

1/2 skodelice sesekljane sveže bazilike ali ploščatega peteršilja

1. Na sredino pečice postavite rešetko. Pečico segrejte na 400°F. Namastite 13 x 9 x 2-palčni pekač ali ponev.

2. Polovico rezin paradižnika položite v pripravljeno skledo. Začinimo s česnom, origanom ter soljo in poprom po okusu. Na vrh položite preostale paradižnike. Pokapljamo z oljem.

3. Pečemo 30-40 minut, dokler se paradižnik zelo ne zmehča. Odstranite skledo iz pečice.

4. V veliki ponvi zavrite vsaj 4 litre vode. Dodajte 2 žlici soli, nato pa testenine. Dobro premešaj. Na močnem ognju med pogostim mešanjem kuhajte, dokler testenine niso al dente, mehke, a čvrste na ugriz. Testenine odcedimo in prihranimo nekaj vode za kuhanje.

5. Testo položimo na pečene paradižnike in dobro premešamo. Dodamo baziliko ali peteršilj in ponovno premešamo. Če se testenine zdijo suhe, dodajte malo vode za kuhanje. Postrezite takoj.

Komolec s krompirjem, paradižnikom in rukolo

La Bandiera

Za 6-8 obrokov

V Pugliji te testenine imenujejo "zastava", ker ima rdečo, belo in zeleno barvo italijanske zastave. Nekateri kuharji ga naredijo z več tekočine in postrežejo kot juho.

¼ skodelice oljčnega olja

2 velika stroka česna, drobno sesekljana

Ščepec mlete rdeče paprike

1½ funta zrelih slivovih paradižnikov, olupljenih, brez semen in narezanih (približno 3 skodelice)

2 žlici sesekljane sveže bazilike

Sol in sveže mlet črni poper

1 kilogramski komolec

3 srednje vreli krompirji (1 funt), olupljeni in narezani na 1⁄2-palčne kose

2 šopka rukole, obrezana in narezana na 1-palčne dolžine (približno 4 skodelice)

1⁄3 skodelice sveže naribanega Pecorina Romana

1. Olje vlijemo v ponev, ki je dovolj velika, da sprejme testenine. Dodamo česen in strto rdečo papriko. Kuhajte na srednjem ognju, dokler česen ne postane zlato rjav, 2 minuti.

2. Dodajte paradižnik in baziliko ter začinite s soljo in poprom po okusu. Zavremo in med občasnim mešanjem kuhamo, dokler se omaka ne zgosti, približno 10 minut.

3. V veliki ponvi zavrite vsaj 4 litre vode. Dodajte 2 žlici soli, nato pa testenine. Dobro premešaj. Ko voda ponovno zavre, vanjo stresemo krompir. Med pogostim mešanjem kuhajte, dokler testenine niso al dente, mehke, a odporne na ugrize.

4. Testenine in krompir odcedimo, nekaj vode od kuhanja pa prihranimo. V vrelo paradižnikovo omako vmešamo

testenine, krompir in rukolo. Med mešanjem kuhajte 1-2 minuti oziroma dokler niso testenine in zelenjava dobro prekrite z omako. Če se testenine zdijo suhe, dodajte malo vode za kuhanje.

5.Vmešajte sir in takoj postrezite.

Romanski jezik v kmečkem slogu

Linguine alla Ciociara

Za 4-6 obrokov

S to rimsko testenino sta me seznanila prijatelja Diane Darrow in Tom Maresca, ki pišeta o italijanskem vinu in hrani. Ime v domačem narečju pomeni "kmečka ženska". Svež, travnati okus zelene paprike naredi te preproste testenine nenavadne.

1 srednje velika zelena paprika

1/2 skodelice oljčnega olja

2 skodelici olupljenih, semen in narezanih svežih paradižnikov ali odcejenih in nasekljanih konzerviranih uvoženih italijanskih paradižnikov

1/2 skodelice grobo sesekljane gaete ali drugih črnih oliv, mariniranih v svetlem olju

Sol

Ščepec mlete rdeče paprike

1 funt lingvin ali špagetov

1/2 skodelice sveže naribanega Pecorina Romana

1. Papriko prerežite na pol, odstranite pecelj in semena. Papriko vzdolžno narežemo na zelo tanke rezine, nato prečno na tretjine.

2. V ponvi, ki je dovolj velika, da sprejme kuhane špagete, segrejte olje na srednje močnem ognju. Dodamo paradižnik, poper, olive, sol po okusu in mleto rdečo papriko. Zavremo in med občasnim mešanjem kuhamo, dokler se omaka ne zgosti, približno 20 minut.

3. V veliki ponvi zavrite vsaj 4 litre vode. Dodajte 2 žlici soli, nato pa testenine. Dobro premešaj. Na močnem ognju med pogostim mešanjem kuhajte, dokler testenine niso al dente, mehke, a čvrste na ugriz. Testenine odcedimo in prihranimo nekaj vode za kuhanje.

4. V ponev z omako dodamo testenine. Kuhajte in premešajte na srednje močnem ognju 1 minuto, dodajte malo vode za kuhanje, če se testenine zdijo suhe. Dodamo sir in ponovno premešamo. Postrezite takoj.

Penne s spomladansko zelenjavo in česnom

Penne alla Primavera

Za 4-6 obrokov

Čeprav je klasična metoda priprave omake Primavera smetana in maslo, je dobra tudi ta metoda na oljčnem olju z okusom česna.

1/4 skodelice oljčnega olja

4 stroki česna, drobno sesekljani

8 špargljev, narezanih na grižljaj

4 čebulice, narezane na 1/4-palčne rezine

3 zelo majhne bučke (približno 12 unč), narezane na 1/4-palčne rezine

2 srednje velika korenčka, narezana na 1/4-palčne rezine

2 žlici vode

Sol in sveže mlet črni poper

2 skodelici majhnih češnjevih ali grozdnih paradižnikov, prepolovljenih

3 žlice sesekljanega svežega peteršilja

1/2 skodelice sveže naribanega Pecorina Romana

1. Olje vlijemo v ponev, ki je dovolj velika, da sprejme testenine. Dodamo česen in kuhamo na srednjem ognju 2 minuti. Primešamo šparglje, mlado čebulo, bučke, korenček in vodo, po okusu solimo in popramo. Ponev pokrijemo in zmanjšamo ogenj. Kuhajte, dokler se korenje skoraj ne zmehča, 5-10 minut.

2. V veliki ponvi zavrite vsaj 4 litre vode. Dodajte 2 žlici soli, nato pa testenine. Dobro premešaj. Na močnem ognju med pogostim mešanjem kuhajte, dokler testenine niso al dente, mehke, a čvrste na ugriz. Testenine odcedimo in prihranimo nekaj vode za kuhanje.

3. V ponev z zelenjavo dodamo paradižnik in peteršilj ter dobro premešamo. Dodajte testenine in sir ter ponovno premešajte. Če se testenine zdijo suhe, dodajte malo vode za kuhanje. Postrezite takoj.

"Vlečne" testenine s smetano in gobami

Strascinata testenine

Za 4-6 obrokov

Glavni razlog za obisk Torgiana v Umbriji je bivanje v Le Tre Vaselle, čudoviti podeželski gostilni z dobro restavracijo. Tam sva z možem kar nekaj let jedla te nenavadne "medle" testenine. Kratke, koničaste cevke testenin, znane kot pennette, so bile kuhane neposredno v omaki, v slogu rižote. Tako kuhanih testenin še nisem videla nikjer drugje.

Ker je tehnika precej drugačna, obvezno preberite recept, preden začnete, in pustite, da se juha in vse sestavine segrejejo, preden začnete.

Le Tre Vaselle je v lasti vinske družine Lungarotti in eno od odličnih rdečih, kot je Rubesco, se odlično ujema s temi testeninami.

1 srednja čebula, drobno sesekljana

6 žlic oljčnega olja

1 funt Pennette, Ditalini ali Tubetti

2 žlici konjaka

5 skodelic vročega domačega Juhaobsedenostkokošja juhaali 2 skodelici konzervirane juhe, pomešane s 3 skodelicami vode

8 unč narezanih belih gob

Sol in sveže mlet črni poper

3/4 skodelice težke smetane

1 skodelica sveže naribanega parmigiano-reggiana

1 žlica sesekljanega svežega peteršilja

1. V ponvi, ki je dovolj velika, da sprejme vse testenine, pražite čebulo na 2 žlicah olja na srednje močnem ognju, dokler ni mehka in zlata, približno 10 minut. Čebulo postrgajte v skledo in ponev obrišite.

2. V ponev vlijemo preostale 4 žlice olja in segrevamo na zmernem ognju. Dodajte testenine in med pogostim

mešanjem kuhajte, dokler testenine ne porjavijo, približno 5 minut. Dodamo konjak in kuhamo, dokler ne izhlapi.

3. Čebulo vrnite v ponev in vmešajte 2 skodelici vroče juhe. Zmanjšajte ogenj na srednje visoko in med pogostim mešanjem kuhajte, dokler se večina juhe ne vpije. Primešajte še 2 skodelici juhe. Ko popije večino tekočine, vmešamo gobe. Med mešanjem po potrebi dodamo preostanek juhe, da testenine ostanejo vlažne. Solimo in popramo.

4. Približno 12 minut po tem, ko začnete dodajati juho, morajo biti testenine skoraj al dente, mehke, a čvrste. Vmešamo smetano in dušimo, dokler se rahlo ne zgosti, približno 1 minuto.

5. Ponev odstavimo z ognja in vanjo vmešamo sir. Vmešajte peteršilj in takoj postrezite.

Rimske testenine s paradižnikom in mocarelo

Češke testenine

Za 4-6 obrokov

Ko je moj mož v Rimu prvič poskusil te testenine, so mu bile tako všeč, da jih je jedel tako rekoč vsak dan. Uporabite kremno svežo mocarelo in res zrel paradižnik. Popolne testenine za poletni dan.

3 srednje zreli paradižniki

¼ skodelice ekstra deviškega oljčnega olja

1 majhen strok česna, drobno sesekljan

Sol in sveže mlet črni poper

20 listov bazilike

1 lb Tubetti ali Ditalini

8 unč sveže mocarele, narezane na majhne kocke

1. Paradižnike prerežemo na pol in odstranimo semena. Iz paradižnika iztisnite semena. Paradižnike nasekljajte in jih položite v posodo, ki je dovolj velika, da vanjo spravite vse sestavine.

2. Zmešajte olje, česen ter sol in poper po okusu. Zložite liste bazilike in jih narežite na tanke trakove. V paradižnik vmešamo baziliko. To omako lahko pripravite vnaprej in jo hranite pri sobni temperaturi do 2 uri.

3. V veliki ponvi zavrite vsaj 4 litre vode. Dodajte 2 žlici soli, nato pa testenine. Dobro premešaj. Na močnem ognju med pogostim mešanjem kuhajte, dokler testenine niso al dente, mehke, a čvrste na ugriz. Testenine precedimo in zmešamo z omako. Dodamo mocarelo in ponovno premešamo. Postrezite takoj.

Fusilli s tuno in paradižniki

Fusilli al Tonno

Za 4-6 obrokov

Tako kot uživam v dobrih svežih zrezkih tune, ki so le redko pečeni na žaru, mislim, da mi je tuna v pločevinkah še bolj všeč. Seveda so iz njega odlični sendviči in solate, vendar imajo Italijani veliko drugih uporab, kot je klasični vitello tonnato (<u>Teletina v tunini omaki</u>*) za teletino ali oblikovano v pito ali kombinirano s testeninami, kot to pogosto počnejo kuharji na Siciliji. Za to omako ne uporabljajte z vodo napolnjene tune. Okus je preveč blag in tekstura preveč vlažna. Za najboljši okus in teksturo uporabite dobro znamko tune, polnjene z oljčnim oljem, iz Italije ali Španije.*

3 srednje veliki paradižniki, narezani

Uvozite lahko 1 (7 oz.) italijansko ali špansko tuno, pakirano v olivnem olju

10 svežih listov bazilike, sesekljanih

½ čajne žličke posušenega origana, zdrobljenega

Ščepec mlete rdeče paprike

Sol

1 funt fusilli ali redelle

1. V večji skledi začinite paradižnik, tunino z oljem, baziliko, origanom, rdečo papriko in soljo.

2. V veliki ponvi zavrite vsaj 4 litre vode. Dodajte 2 žlici soli, nato pa testenine. Dobro premešaj. Na močnem ognju med pogostim mešanjem kuhajte, dokler testenine niso al dente, mehke, a čvrste na ugriz. Odstavite nekaj vode za kuhanje. Testo odcedimo.

3. Testenine zmešamo z omako. Če se testenine zdijo suhe, dodajte malo vode za kuhanje. Postrezite takoj.

Linguine s sicilijanskim pestom

Linguine al Pesto Trapanese

Za 4-6 obrokov

Pesto omako običajno povezujemo z Ligurijo, predvsem pa z baziliko in česnom. V italijanščini se pesto nanaša na vse, kar je stepeno, sesekljano ali pretlačeno. To omako običajno pripravljajo na ta način v Trapaniju, obalnem mestu na zahodu Sicilije.

V tej jedi je toliko okusa; Sir ni potreben.

1/2 skodelice blanširanih mandljev

2 velika stroka česna

1/2 skodelice pakiranih svežih listov bazilike

Sol in sveže mlet črni poper

1 funt svežih paradižnikov, olupljenih, brez semen in narezanih na kocke

⅓ skodelice ekstra deviškega oljčnega olja

1 funt linguina

1. V sekljalniku ali mešalniku zmešajte mandlje, česen in baziliko ter dodajte sol in poper po okusu. Sestavine sesekljajte na majhne koščke. Dodamo paradižnik in olje ter mešamo do gladkega.

2. V veliki ponvi zavrite vsaj 4 litre vode. Dodajte 2 žlici soli, nato dodajte testenine in rahlo pritiskajte, dokler niso popolnoma potopljene v vodo. Dobro premešaj. Na močnem ognju med pogostim mešanjem kuhajte, dokler testenine niso al dente, mehke, a čvrste na ugriz. Odstavite nekaj vode za kuhanje. Testo odcedimo.

3. Testo vlijemo v veliko toplo skledo. Dodamo omako in dobro premešamo. Dodajte malo vode za testenine, če se zdijo testenine suhe. Postrezite takoj.

Špageti z "Crazy" pestom

Špageti al Pesto Matto

Za 4-6 obrokov

Ta recept izhaja iz knjižice "Radosti kuhanja testenin", ki jo je izdalo italijansko podjetje za izdelavo testenin Agnesi. Recepte so predložile domače kuharice, pisec recepta je verjetno improviziral ta netradicionalni pesto (od tod tudi ime).

2 srednje zrela paradižnika, olupljena, razrezana in narezana

1/2 skodelice sesekljanih črnih oliv

6 listov bazilike, zloženih in narezanih na tanke trakove

1 žlica sesekljanega svežega timijana

1/4 skodelice oljčnega olja

Sol in sveže mlet črni poper

1 kg špagetov ali lingvin

4 unče mehkega svežega kozjega sira

1. V veliki skledi zmešamo paradižnik, olive, baziliko, timijan in olje ter po okusu solimo in popramo.

2. V veliki ponvi zavrite vsaj 4 litre vode. Dodajte 2 žlici soli, nato dodajte testenine in rahlo pritiskajte, dokler niso popolnoma potopljene v vodo. Dobro premešaj. Med pogostim mešanjem kuhajte na močnem ognju, dokler se testenine ne zmehčajo. Testo odcedimo.

3. Testenine dodamo v skledo s paradižnikom in dobro premešamo. Dodajte kozji sir in ponovno premešajte. Postrezite takoj.

Muha z nekuhano omako puttanesca

Farfalle alla Puttanesca

Za 4-6 obrokov

Sestavine za to omako za testenine so podobne omaki<u>Linguine z inčuni in pikantno paradižnikovo omako</u>, vendar je okus precej drugačen, saj te omake ni treba kuhati.

1 pol litra češnjevih ali grozdnih paradižnikov, prepolovljenih

6-8 filejev inčunov, narezanih na majhne koščke

1 velik strok česna, zelo drobno sesekljan

1/2 skodelice izkoščičenih in narezanih gaeta ali drugih blagih črnih oliv

1/4 skodelice drobno sesekljanega svežega peteršilja

2 žlici kaper, opranih in sesekljanih

1/2 čajne žličke posušenega origana

1/4 skodelice ekstra deviškega oljčnega olja

sol po okusu

Ščepec mlete rdeče paprike

1 funt farfalle ali posušenih fettuccine

1. V veliki skledi zmešajte paradižnik, inčune, česen, olive, peteršilj, kapre, origano, olje, sol in poper. Pustite na sobni temperaturi 1 uro.

2. V veliki ponvi zavrite vsaj 4 litre vode. Dodajte 2 žlici soli, nato pa testenine. Dobro premešaj. Med pogostim mešanjem kuhajte na močnem ognju, dokler se testenine ne zmehčajo. Odstavite nekaj vode za kuhanje. Testo odcedimo.

3. Testenine zmešamo z omako. Če se testenine zdijo suhe, dodajte malo vode za kuhanje. Postrezite takoj.

Testenine s surovo zelenjavo

Testenine alla Crudaiola

Za 4-6 obrokov

Zelena doda čist, lahek okus tem preprostim poletnim hrustljavim testeninam in limoninemu soku.

2 kilograma zrelih paradižnikov, olupljenih, oluščenih in narezanih

1 strok česna, zelo drobno sesekljan

1 skodelica nežnih stebel zelene, na tanke rezine

1/2 skodelice listov bazilike, zloženih in narezanih na tanke rezine

1/2 skodelice gaete ali drugih blagih črnih oliv, izkoščičenih in narezanih

1/4 skodelice ekstra deviškega oljčnega olja

1 žlica limoninega soka

Sol in sveže mlet črni poper

1 kilogram fusillov ali gemellov

1. Paradižnik, česen, zeleno, baziliko in olive dajte v veliko skledo in dobro premešajte. Zmešajte olje, limonin sok ter sol in poper po okusu.

2. V veliki ponvi zavrite vsaj 4 litre vode. Dodajte 2 žlici soli, nato pa testenine. Dobro premešaj. Med pogostim mešanjem kuhajte na močnem ognju, dokler se testenine ne zmehčajo. Testenine precedimo in jih na hitro primešamo k omaki. Postrezite takoj.

"Pohiti" špagete

Špageti Sciue "Sciue"

Za 4-6 obrokov

Mali grozdni paradižniki imajo okus po velikih paradižnikih in so v sezoni vse leto. V tem receptu lahko dobro uporabite tudi češnjev paradižnik. Neapeljski izraz sciue 'sciue' (izgovarja se shoo-ay, shoo-ay) pomeni nekaj podobnega 'pohiti' in ta omaka je hitro pripravljena.

1/4 skodelice oljčnega olja

3 stroki česna, na tanko narezani

Ščepec mlete rdeče paprike

3 skodelice grozdnih ali češnjevih paradižnikov, prepolovljene

Sol

Ščepec posušenega origana, zdrobljenega

1 kilogram špagetov

1. Olje vlijemo v ponev, ki je dovolj velika, da vanjo vzamemo kuhane testenine. Dodamo česen in rdečo papriko. Kuhajte na srednje močnem ognju, dokler česen ne postane rahlo zlate barve, približno 2 minuti. Dodajte paradižnik, sol in origano po okusu. Enkrat ali dvakrat mešajte 10 minut ali dokler se paradižniki ne zmehčajo in se sokovi nekoliko zgostijo. Izklopite ogrevanje.

2. V veliki ponvi zavrite vsaj 4 litre vode. Dodajte 2 žlici soli, nato dodajte testenine in rahlo pritiskajte, dokler niso popolnoma potopljene v vodo. Dobro premešaj. Na močnem ognju med pogostim mešanjem kuhajte, dokler testenine niso al dente, mehke, a čvrste na ugriz. Testenine odcedimo in prihranimo nekaj vode za kuhanje.

3. Dodajte testenine v ponev s paradižnikovo omako. Ogenj povečajte in med mešanjem kuhajte 1 minuto. Če se testenine zdijo suhe, dodajte malo vode za kuhanje. Postrezite takoj.

"Jezna" Penne

Arrabbiata omaka

Za 4-6 obrokov

Ta peresnik v rimskem slogu se imenuje "jezen" zaradi pekočega okusa paradižnikove omake. Uporabite toliko ali manj zdrobljene rdeče paprike, kot želite. Te testenine običajno postrežemo brez sira.

1/4 skodelice oljčnega olja

4 stroki česna, rahlo strti

Mleta rdeča paprika po okusu

2 funta svežih paradižnikov, olupljenih, brez semen in narezanih, ali 1 (28 oz.) uvoženih italijanskih pelatov, odcejenih in narezanih

2 lista sveže bazilike

Sol

1 funt peresnikov

1. Olje vlijemo v ponev, ki je dovolj velika, da sprejme vse testenine. Dodajte česen in poper ter kuhajte, dokler česen ni temno zlato rjav, približno 5 minut. Odstranite česen.

2. Dodajte paradižnik, baziliko in sol po okusu. Kuhajte 15-20 minut oziroma dokler se omaka ne zgosti.

3. V veliki ponvi zavrite vsaj 4 litre vode. Dodajte 2 žlici soli, nato pa testenine. Dobro premešaj. Na močnem ognju med pogostim mešanjem kuhajte, dokler testenine niso al dente, mehke, a čvrste na ugriz. Odstavite nekaj vode za kuhanje. Testo odcedimo.

4. Penne prestavimo v ponev in dobro obrnemo na močnem ognju. Če se testenine zdijo suhe, dodajte malo vode za kuhanje. Postrezite takoj.

Rigatoni z rikoto in paradižnikovo omako

Rigatoni z rikoto in salso di pomodoro

Za 4-6 obrokov

To je staromoden južnoitalijanski način serviranja testenin, ki se mu ni mogoče upreti. Nekateri kuharji testenine radi prelijejo s paradižnikovo omako in nato posebej dodajo rikoto, drugi pa vse skupaj premešajo pred serviranjem. Izbira je vaša.

2 1/2 skodelice paradižnikove omake

1 funt rigatoni, pokrovače ali cavatelli

Sol

Pri sobni temperaturi posnemite 1 skodelico rikote v celoti ali delno

Sveže nariban Pecorino Romano ali Parmigiano-Reggiano po okusu

1. Po potrebi pripravimo omako. V veliki ponvi zavrite vsaj 4 litre vode. Dodajte 2 žlici soli, nato pa testenine. Dobro

premešaj. Na močnem ognju med pogostim mešanjem kuhajte, dokler testenine niso al dente, mehke, a čvrste na ugriz.

2.Medtem ko se testenine kuhajo, po potrebi zavremo omako.

3.Pekočo omako vlijemo v segreto skledo. Testo odcedimo in dodamo v skledo. Takoj premešajte in po želji dodajte še omake. Dodamo rikoto in dobro premešamo. Posebej zmeljemo nariban sir. Postrezite takoj.

Metuljček s češnjevimi paradižniki in drobtinami

Farfalle al Pomodorini in Briciole

Za 4-6 obrokov

Te testenine so trenutno zelo priljubljene v Italiji. Postrezite s kančkom ekstra deviškega oljčnega olja.

6 žlic oljčnega olja

1 kg koktajl ali grozdnih paradižnikov, prerezanih po dolžini na pol

1/2 skodelice navadnih suhih drobtin

1/4 skodelice sveže naribanega Pecorina Romana

2 žlici sesekljanega svežega peteršilja

Sol in sveže mlet črni poper

1 funt farfalle

Ekstra deviško olivno olje

1. Na sredino pečice postavite rešetko. Pečico segrejte na 350°F. Dodajte 4 žlice olja v pekač velikosti 13 x 9 x 2 palca. Narezane paradižnike položite s prerezano stranjo navzgor v ponev.

2. V manjši skledi zmešamo drobtine, sir, peteršilj, preostali 2 žlici olivnega olja ter po okusu začinimo s soljo in poprom. Drobtine potresemo po paradižnikih. Pečemo 30 minut oziroma dokler se paradižniki ne zmehčajo in drobtine rahlo porjavijo.

3. V veliki ponvi zavrite vsaj 4 litre vode. Dodajte 2 žlici soli, nato pa testenine. Dobro premešaj. Med pogostim mešanjem kuhajte na močnem ognju, dokler testenine niso mehke, a rahlo kuhane. Testenine odcedimo in jih dodamo v ponev s paradižniki in kančkom ekstra deviškega oljčnega olja. Postrezite takoj.

Ziti s špinačo in rikoto

Ziti con špinača in rikota

Za 4-6 obrokov

Špinača, ricotta in parmigiano-reggiano so tipični nadevi za raviole v Emiliji-Romanji in mnogih drugih regijah. V tem receptu nadev iz svežih testenin postane omaka za posušene testenine. Okusi so podobni, vendar je metoda vsak dan veliko preprostejša. Narezan kuhan brokoli lahko nadomesti špinačo, če želite.

1 1/2 kg špinače, ki ji odstranimo trda peclja

4 žlice nesoljenega masla

1 srednja čebula, drobno sesekljana

Sol

1 funt zitija ali penneja

Pri sobni temperaturi posnemite 1 skodelico rikote v celoti ali delno

1/2 skodelice sveže naribanega parmigiano-reggiana

Sveže mleti črni poper

1. Špinačo postavite v veliko ponev s 1/4 skodelice vode na srednje močan ogenj. Pokrijte in kuhajte 2-3 minute ali dokler ne oveni in se zmehča. Odcedimo in ohladimo. Špinačo zavijte v krpo, ki ne pušča vlaken, in iz nje iztisnite čim več vode. Špinačo sesekljajte na majhne koščke.

2. V veliki ponvi na srednjem ognju stopite maslo. Dodajte čebulo in kuhajte, dokler ni mehka in zlata, približno 10 minut. Dodajte sesekljano špinačo in med mešanjem kuhajte, dokler se špinača ne segreje, 3-4 minute. Po želji dodajte sol

3. V veliki ponvi zavrite vsaj 4 litre vode. Dodajte 2 žlici soli, nato pa testenine. Dobro premešaj. Na močnem ognju med pogostim mešanjem kuhajte, dokler testenine niso al dente, mehke, a čvrste na ugriz. Testenine odcedimo in prihranimo nekaj vode za kuhanje.

4. V veliko segreto skledo stresite testenine s špinačo, rikoto in sirom. Če se testenine zdijo suhe, dodajte malo vode za

kuhanje. Potresemo s sveže mletim črnim poprom in takoj postrežemo.

Rigatoni s štirimi siri

Rigatoni ai Quattro Formaggi

Za 4-6 obrokov

Spodaj predlagane štiri vrste sira so samo predlogi. Uporabite tisto, kar imate pri roki. Posušeni kosi so dobri tudi za ribanje. Ne morem si zamisliti sira, ki se ne bi dobro ujel s testeninami. Različice teh testenin sem jedel v Rimu, Toskani in Neaplju in sumim, da kuharji mešajo to sorto, ko delajo majhne serije različnih sirov.

1 funt rigatoni, ziti ali fusilli

Sol

6 žlic nesoljenega masla, stopljenega

1/2 skodelice sesekljane Fontina Valle d'Aosta

1/2 skodelice narezane sveže mocarele

1/2 skodelice sesekljanega Gruyera ali Emmenhala

¾ skodelice sveže naribanega parmigiano-reggiana

Sveže mleti črni poper

1. V veliki ponvi zavrite vsaj 4 litre vode. Dodajte 2 žlici soli, nato pa testenine. Dobro premešaj. Kuhajte na močnem ognju in pogosto mešajte, dokler testenine niso al dente, mehke, a še vedno čvrste. Testenine odcedimo in prihranimo nekaj vode za kuhanje.

2. V veliki segreti skledi z maslom zmešamo testo. Dodajte sir in nekaj žlic vode za testenine. Mešajte, dokler se sir ne stopi. Potresemo s črnim poprom in takoj postrežemo.

Linguine s kremno orehovo omako

Linguine s Salso di Nocival

Za 4-6 obrokov

Moja prijateljica Pauline Wasserman je naletela na ta recept med potovanjem po Piemontu in mi ga dala pred nekaj leti. Orehi dodajo testeninam bogat okus, medtem ko jih rikota ohranja kremaste in vlažne. Postrežem z Dolcetto, lahkim, suhim rdečim vinom iz Piemonta.

1/2 skodelice orehov

2 žlici pinjol

4 žlice nesoljenega masla

1 majhen strok česna, zelo drobno sesekljan

1 žlica sesekljanega svežega peteršilja

1Posneti 1/4 skodelice rikote, mascarponeja ali smetane

Sol

1 funt linguina

½ skodelice sveže naribanega parmigiano-reggiana

1. Orehe in pinjole dajte v kuhinjski robot ali mešalnik. Orehe drobno zmeljemo. (Ne delajte v pasto.)

2. V srednje veliki ponvi na srednjem ognju stopite maslo. Dodamo česen in peteršilj ter kuhamo 1 minuto. Primešamo lešnike in rikoto. Premešamo in segrejemo.

3. Medtem v velikem loncu zavremo približno 4 litre vode. Dodajte 2 žlici soli, nato dodajte testenine in rahlo pritiskajte, dokler niso popolnoma potopljene v vodo. Dobro premešaj. Med pogostim mešanjem kuhajte, dokler testenine niso al dente, mehke, a odporne na ugrize. Odstavite nekaj vode za kuhanje. Testo odcedimo.

4. Testenine z omako in naribanim sirom stresemo v veliko segreto skledo. Če se testenine zdijo suhe, dodajte malo vode za kuhanje. Postrezite takoj.

Let z Amarettijem

Farfalle z Amarettijem

Za 4-6 obrokov

Ena od specialitet Lombardije so sveže jajčne testenine, polnjene z zimsko bučo in naribanimi amaretti, hrustljavi mandljevi piškoti (<u>Zimski bučni ravioli z maslom in mandlji</u>). Kombinacija okusa, okopana v stopljenem maslu in posuta s slanim in oreščkovim parmigianom, je izjemno nenavadna in nepozabna. Natakar v majhni tratoriji v Cremoni mi je povedal, da je ta preprosti recept za posušene testenine navdihnila ta prefinjena jed.

Če so rozine suhe, jih dodajte v vrelo vodo za testenine, tik preden jih odcedite.

Sol

1 funt farfalle

1 palčka nesoljenega masla, stopljenega

12-16 amaretti krekerjev, zdrobljenih (približno 1/2 skodelice drobtin)

1/3 skodelice zlatih rozin

1 skodelica naribanega parmigiano-reggiana

1. V veliki ponvi zavrite vsaj 4 litre vode. Dodajte 2 žlici soli, nato pa testenine. Dobro premešaj. Na močnem ognju med pogostim mešanjem kuhajte, dokler testenine niso al dente, mehke, a čvrste na ugriz. Odstavite nekaj vode za kuhanje. Testo odcedimo.

2. Maslo dajte v veliko toplo skledo. Dodamo testo in ga zmešamo s kolačnimi drobtinami in rozinami. Dodamo sir in ponovno premešamo. Če se testenine zdijo suhe, dodajte malo vode za kuhanje. Postrezite toplo.

Špageti z ocvrtim jajcem na salernski način

Spaghetti l'Uuovo Fritto alla Salernitana

Za 2 porciji

Čeprav sem za ta recept slišala iz okolice Neaplja, sem ga preizkusila šele en dan, ko sem mislila, da doma ni ničesar, kar bi lahko skuhala zame in moža. Je lahka in prijetna in jo lahko postrežete celo za malico. Jajca je treba kuhati toliko časa, da so beljaki mehki, rumenjaki pa še mehki. Sestavine za ta recept za dve porciji, vendar jih lahko po potrebi podvojite ali potrojite.

4 unče špagetov ali lingvin

Sol

2 žlici oljčnega olja

4 jajca

1/2 skodelice sveže naribanega Pecorina Romana

Sveže mleti črni poper

1. V veliki ponvi zavrite vsaj 4 litre vode. Dodajte 2 žlici soli, nato dodajte testenine in rahlo pritiskajte, dokler niso popolnoma potopljene v vodo. Dobro premešaj. Kuhajte na močnem ognju in pogosto mešajte.

2. V veliki ponvi na srednje močnem ognju segrejte olje. Dodamo jajca ter potresemo s soljo in poprom. Kuhamo toliko časa, da se beljak zmehča, rumenjak pa še mehak.

3. Testenine odcedimo in prihranimo nekaj vode za kuhanje. Testenine prelijemo s sirom in 2-3 žlicami vode.

4. Testo razdelite v 2 servirni skledi. Na vrh stepemo dve jajci in takoj postrežemo.

Tagliarini sufle

Tagliarini sufle

Za 6 obrokov

Nekateri recepti pridejo v mojo kuhinjo po krožni poti. Moj prijatelj Arthur Schwartz je delil to nenavadno stvar z menoj. Učil se je od svoje partnerice v kuharski šoli, baronice Cecilie Bellelli Baratta, ta pa od svoje matere Elvire. Družina Baratta živi v Battipaglii v provinci Salerno, kjer je Cecilijin oče delal v podjetju za pakiranje paradižnikov. Toda med drugo svetovno vojno je družina živela v Parmi, kjer je bilo veliko bolj varno.

Elvira (91 let) še vedno kuha veliko parmske hrane in trdi, da je v tej regiji nastala ideja o puhanju testenin, čeprav obstajajo tudi druge različice. Cecilia poudarja, da Severni Italijani nimajo monopola nad jajčnimi testeninami in smetanovimi omakami, kljub našemu mnenju.

Posebnost tega recepta je, da ni narejen iz svežih, temveč iz posušenih jajčnih rezancev. Poiščite tagliarini, cappellini ali cappelli di angelo, čeprav se bodo obnesle tudi tradicionalne tanke jajčne testenine. Zaradi okusa limone se jed zdi še lažja, kot je.

Bešamel

4 žlice nesoljenega masla

4 žlice večnamenske moke

2 skodelici mleka

3/4 skodelice naribanega parmigiano-reggiana

1/8 čajne žličke sveže naribanega muškatnega oreščka

11/2 čajne žličke soli

1/2 čajni žlički sveže mletega črnega popra

Drobno naribana lupinica 1 limone

Sok 1 limone

4 velika jajca, ločena

Sol

8 unč posušenih tagliarinov ali drugih finih posušenih jajčnih testenin, zlomljenih na 3-palčne kose

4 žlice nesoljenega masla

1 beljak

1/4 skodelice plus 2 žlici navadnih suhih drobtin

1. Za pripravo omake: V majhni ponvi na srednje močnem ognju raztopite maslo. Z metlico vmešamo moko in kuhamo 2 minuti.

2. Neprestano mešajte, dodajte mleko. Med pogostim mešanjem zavremo. Odstavite z ognja in vmešajte sir. Pustite, da se nekoliko ohladi, preden vmešate muškatni orešček, sol, poper, limonino lupinico in sok.

3. Mešanico strgajte v veliko mešalno posodo in pustite, da se ohladi na sobno temperaturo. (Če se vam mudi, zmes ohladite tako, da posodo postavite v drugo posodo, napolnjeno z ledeno vodo.) Dodajte rumenjake in dobro premešajte.

4. Zavremo približno 3 litre vode. Dodajte 2 žlici soli, nato pa testenine. Kuhajte, dokler ni le napol pečen. Testo bo prožno, a v sredini še trdo. Dobro odcedite. Testenine vrnemo v lonec, v katerem smo jih kuhali, in jih prelijemo s preostalima 2 žlicama masla. Pustimo, da se testo malo ohladi.

5. Na sredino pečice postavite rešetko. Pečico segrejte na 375°F. Pekač velikosti 9×9×2 palcev namastite z 1 žlico preostalega masla. Potresemo s približno 1/4 skodelice drobtin in jed dobro obložimo.

6. V veliki skledi z električnim mešalnikom na srednji hitrosti stepamo beljake s ščepcem soli do mehkega snega. Beljake previdno vmešamo v bešamel. Z gumijasto lopatko eno za drugo vmešamo omako v testo. Delajte previdno, da preprečite preveliko znižanje beljakovin. Zmes strgajte v pripravljen pekač.

7. Potresemo s preostalima 2 žlicama drobtin. Pokapljamo s preostalo 1 žlico masla.

8. Pečemo 30 minut ali dokler sufle ni napihnjen in rahlo zlate barve.

9. Za lažje narežite na kvadrate in takoj postrezite. Sufle se bo, ko se bo ohladil, rahlo ugreznil.

Špageti na oglje

Špageti carbonara

Za 6-8 obrokov

Rimljani pripisujejo pridnemu nosilcu oglja navdih za te hitre testenine. Pravijo, da je mletje črnega popra velikodušno podobno premogovemu prahu!

Nekateri ameriški kuharji omaki dodajo smetano, a tako jo delajo v Rimu.

4 unče pancete, debelo narezane

1 žlica oljčnega olja

3 velika jajca

Sol in sveže mlet črni poper

1 kg špagetov ali lingvin

3/4 skodelice sveže naribanega Pecorina Romana ali Parmigiano-Reggiano

1. Panceto narežite na 1/4-palčne kose. V ponev, ki je dovolj velika, da sprejme vse kuhane testenine, vlijemo olje. Dodamo panceto. Kuhajte na srednje močnem ognju, dokler panceta ne postane zlato rjava po robovih, približno 10 minut. Izklopite ogrevanje.

2. V srednji skledi stepite jajca z veliko soli in popra.

3. V veliki ponvi zavrite vsaj 4 litre vode. Dodajte 2 žlici soli, nato dodajte testenine in rahlo pritiskajte, dokler niso popolnoma potopljene v vodo. Dobro premešaj. Na močnem ognju med pogostim mešanjem kuhajte, dokler testenine niso al dente, mehke, a čvrste na ugriz. Testenine odcedimo in prihranimo nekaj vode za kuhanje.

4. Kuhane testenine dodamo v ponev s panceto in dobro premešamo na srednje močnem ognju. Dodamo jajce in nekaj vode za kuhanje. Nežno mešajte, dokler testo ni kremasto. Potresemo s sirom in še popopramo. Dobro premešamo in takoj postrežemo.

Bucatini s paradižnikom, panceto in feferoni

Bucatini all'Amatriciana

Za 4-6 obrokov

Amatrice je ime mesta v Abrucih. Veliko ljudi s tega območja se je naselilo v Rimu in ta recept je postal ena najbolj znanih jedi v mestu. Kot pri vseh tradicijah, obstaja nesoglasje glede pravilnega načina vzdrževanja. Nekoč sem v Rimu slišal radijsko oddajo na to temo, v kateri so eno uro razpravljali o prednostih in slabostih dodajanja čebule.

Preizkusil sem veliko različic in ta mi je najbolj všeč. Bucatini, zelo debela oblika špagetov z luknjo na sredini, so tradicionalni, vendar jih je težko jesti. Za razliko od špagetov, linguin in drugih testenin z dolgimi prameni se ne valja čisto po vilicah, zlasti če so trdo kuhane, kot so to radi imeli Rimljani. Kratke testenine iz tanke cevi, kot so peresniki, so prav tako dobre in veliko okusnejše za uživanje.

2 žlici oljčnega olja

2 unči narezane pancete, debele približno 1/8 palca, narezane na majhne koščke

1 srednja čebula, drobno sesekljana

Ščepec mlete rdeče paprike

1/2 skodelice suhega belega vina

1 (28 unč) pločevinka uvoženih italijanskih pelatov, odcejenih in sesekljanih

Sol

1 funt bucatini, perciatelli ali penne

1/2 skodelice sveže naribanega Pecorina Romana

1. V ponev, ki je dovolj velika, da sprejme vse kuhane testenine, vlijemo olje. Dodamo panceto, čebulo in mleto rdečo papriko. Kuhajte na srednje močnem ognju, občasno premešajte, dokler panceta in čebula nista zlato rjavi, približno 12 minut.

2. Prilijemo vino in zavremo.

3. Vmešajte paradižnik in sol po okusu. Omako zavremo in med občasnim mešanjem kuhamo, dokler se omaka ne zgosti, približno 25 minut.

4. V veliki ponvi zavrite vsaj 4 litre vode. Dodajte 2 žlici soli, nato pa testenine. Dobro premešaj. Na močnem ognju med pogostim mešanjem kuhajte, dokler testenine niso al dente, mehke, a čvrste na ugriz. Odstavite nekaj vode za kuhanje. Testo odcedimo.

5. Testenine stresemo v ponev z omako. Testenine in omako mešajte na močnem ognju približno 1 minuto ali dokler testenine niso prekrite. Dodajte malo vrele vode, če se testenine zdijo suhe. Odstranite z ognja. Dodajte sir in dobro premešajte. Postrezite takoj.

Penne s panceto, pecorinom in črnim poprom

Penne alla Gricia

Za 4-6 obrokov

Na to, kako dobre bi lahko bile te testenine, sem se spomnil v newyorški restavraciji San Domenico, kjer so jo pripravljali za kosilo v čast rimske kuhinje. Moral sem dodati v to zbirko.

Penne alla Gricia je bližnji sorodnik in verjetno prednik Bucatini all'Amatriciana na levi. Tradicionalni recepti za oba vključujejo enake sestavine – sušeno meso, mast in nariban feta sir, ki so bili značilni okusi testenin, preden so paradižniki prispeli iz Novega sveta in so jih sprejeli v Italiji. Mast doda odličen okus, vendar ga lahko nadomestite z oljčnim oljem, če želite.

V Rimu to počnejo z guancialejem, mariniranimi svinjskimi ličnicami. Guanciale je težko najti, razen če živite blizu mesnice z italijanskimi specialitetami, vendar je panceta zelo podobna. Če lahko, narežite rezine debeline približno 1/8 palca. Da boste rezine lažje narezali, jih poskusite na kratko zamrzniti na voščenem papirju.

2 žlici masti ali olivnega olja

4 unče narezane guanciale ali pancete, približno 1/8 palca debele, narezane na majhne koščke

Sol

1 kilogram špagetov

1/2 skodelice sveže naribanega Pecorina Romana

1/2 čajni žlički sveže mletega črnega popra ali več po okusu

1. V ponvi, ki je dovolj velika, da sprejme vse kuhane testenine, na srednje močnem ognju segrejte maščobo ali olivno olje. Dodajte guanciale ali panceto in med pogostim mešanjem kuhajte 10 minut ali dokler ne postane hrustljava in zlata.

2. V veliki ponvi zavrite vsaj 4 litre vode. Dodajte 2 žlici soli, nato pa testenine. Dobro premešaj. Na močnem ognju med pogostim mešanjem kuhajte, dokler testenine niso al dente, mehke, a čvrste na ugriz. Odstavite nekaj vode za kuhanje. Testo odcedimo.

3. Testenine stresite v ponev in jih premešajte s sirom, poprom in nekaj žlicami vode, dokler testenine niso dobro prekrite. Takoj postrezite z dodatnim poprom, če želite.

Penne s svinjino in cvetačo

Incaciata testenine

Za 4-6 obrokov

Moja prijateljica Carmella Ragusa mi je pokazala, kako pripraviti ta recept, ki se ga je naučila med obiskom družine na Siciliji.

2 žlici oljčnega olja

2 stroka česna, drobno sesekljana

8 oz mlete svinjine

1 čajna žlička semen koromača

1/2 skodelice suhega rdečega vina

1 funt svežih slivovih paradižnikov, olupljenih, brez semen in narezanih ali 2 skodelici konzerviranih uvoženih italijanskih paradižnikov, odcejenih in narezanih

Sol in sveže mlet črni poper

3 skodelice cvetov cvetače

1 funt peresnikov

Približno 1 skodelica sveže naribanega pecorina romana

1. V večjo ponev vlijemo olje. Dodajte česen in kuhajte na srednjem ognju do zlato rjave barve, približno 2 minuti. Dodajte svinjino in semena koromača ter dobro premešajte. Med občasnim mešanjem kuhajte, dokler meso ne porjavi, približno 15 minut.

2. Dodamo vino in pustimo vreti 3 minute ali dokler večina tekočine ne izhlapi.

3. Dodajte paradižnik ter sol in poper po okusu. Kuhajte 15 minut oziroma dokler se omaka nekoliko ne zmehča.

4. V veliki ponvi zavrite vsaj 4 litre vode. Dodamo cvetačo in 2 žlici soli. Kuhajte 10 minut, dokler se cvetača ne zmehča. Cvetačo izdolbemo z rezinasto žlico in dobro odcedimo. Ne zavrzite vode.

5. V omako dodamo cvetačo in kuhamo ob pogostem mešanju in z žlico drobimo koščke, dokler se omaka ne zgosti, še 10 minut.

6. Zavremo vodo in dodamo testenine. Med pogostim mešanjem kuhajte, dokler testenine niso al dente, mehke, a odporne na ugrize. Odstavite nekaj vode za kuhanje. Testo odcedimo.

7. Testo prestavimo v segreto skledo. Testenine prelijemo z omako, po potrebi jo razredčimo z vrelo vodo. Dodajte sir in dobro premešajte. Postrezite takoj.

Špageti z vodko omako

Špageti z vodko

Za 4-6 obrokov

Po besedah mojega prijatelja Arthurja Schwartza, avtorja kuharskih knjig in organa za varno hrano, so te testenine izumili v Italiji v sedemdesetih letih prejšnjega stoletja kot del oglaševalske kampanje za veliko podjetje za proizvodnjo vodke. Prvič sem ga dobil v Rimu, vendar se zdi, da je bolj priljubljen v ZDA kot zdaj v Italiji.

1/4 skodelice nesoljenega masla

1/4 skodelice drobno sesekljane šalotke

2 unči narezane uvožene italijanske šunke, narezane na tanke trakove

1 (28 unč) pločevinka uvoženih italijanskih pelatov, odcejenih in grobo narezanih

1/2 čajne žličke zdrobljene rdeče paprike

Sol

½ skodelice težke smetane

¼ skodelice vodke

1 kg špagetov ali lingvin

½ skodelice sveže naribanega parmigiano-reggiana

1. V ponvi, ki je dovolj velika, da sprejme vse kuhane testenine, stopite maslo na srednje močnem ognju. Dodajte šalotko in kuhajte do zlato rjave barve, približno 2 minuti. Primešamo šunko in kuhamo 1 minuto.

2. Dodamo paradižnik, mleto rdečo papriko in sol po okusu. Dušimo 5 minut. Vmešamo smetano in med dobrim mešanjem kuhamo še 1 minuto. Dodajte vodko in kuhajte 2 minuti.

3. V veliki ponvi zavrite 4 litre vode. Dodajte 2 žlici soli, nato dodajte testenine in rahlo pritiskajte, dokler niso popolnoma potopljene v vodo. Kuhajte na močnem ognju in

pogosto mešajte, dokler ni al dente, mehak, a čvrst na ugriz. Odstavite nekaj vode za kuhanje. Testo odcedimo.

4. V ponev z omako dodamo testenine. Dodajte testenine v omako na močnem ognju, dokler niso dobro prekrite. Dodajte malo vrele vode, če se vam zdi omaka pregosta. Vmešajte sir in ponovno premešajte. Postrezite takoj.

Metuljček s šparglji, smetano in šunko

Farfalle s šparglji

Za 6-8 obrokov

Ta kombinacija je odlična za spomladanski jedilnik. Mislim, da je smetana zelo bogata, zato te testenine postrežem v majhnih porcijah kot prvo jed pred nečim preprostim, kot je teletina ali piščanec na žaru. Tem testeninam sem dodala sesekljano pečeno papriko in kombinacija mi je zelo všeč.

1 kg svežih špargljev, narezanih

Sol

1 skodelica smetane

1 funt farfalle

1/2 skodelice sveže naribanega parmigiano-reggiana

2 unči narezane uvožene italijanske šunke, narezane prečno na tanke trakove

1. V veliki ponvi zavrite približno 5 cm vode. Dodamo šparglje in solimo po okusu. Kuhamo toliko časa, da se šparglji zmehčajo in rahlo upognejo, ko jih vzamemo iz vode. Čas kuhanja je odvisen od debeline špargljev. Posušite šparglje. Narežemo jih na grižljaj velike kose.

2. V manjši kozici zavremo smetano. Kuhajte 5 minut oziroma dokler se rahlo ne zgosti.

3. Zavrite velik lonec vode. Dodajte 2 žlici soli, nato pa testenine. Dobro premešaj. Na močnem ognju med pogostim mešanjem kuhajte, dokler testenine niso al dente, mehke, a čvrste na ugriz. Odstavite nekaj vode za kuhanje. Testo odcedimo.

4. Testenine, smetano in sir stresemo v veliko skledo in dobro premešamo. Dodajte malo vrele vode, če se vam zdi omaka pregosta. Dodamo šparglje in šunko, nato ponovno premešamo. Postrezite takoj.

Peresniki "povlečeni" z mesno omako

Penne Strascinate

Za 6 obrokov

Te testenine sem prvič jedel v majhni podeželski restavraciji v Toskani, regiji, kjer jih vsak kuhar pripravlja na svoj način. Imenuje se "Penne", ker se testenine končajo kuhati, medtem ko jih vržemo v omako. To daje testeninam okus omake.

1/4 skodelice oljčnega olja

1 srednja čebula, drobno sesekljana

1 srednje velik korenček, drobno narezan

1 nežno steblo zelene, drobno sesekljano

1 strok česna, zelo drobno sesekljan

2 žlici sesekljane sveže bazilike

12 unč mlete teletine

1/2 skodelice suhega rdečega vina

2 skodelici olupljenih, semen in narezanih svežih paradižnikov ali pločevinka uvoženih italijanskih konzerviranih olupljenih paradižnikov, odcejenih in sesekljanih

1 skodelica domačeJuhaobsedenostkokošja juhaali kupljeno govejo ali piščančjo juho

Sol in sveže mlet črni poper

1 funt peresnikov

1/2 skodelice sveže naribanega Pecorina Romana

1/2 skodelice sveže naribanega parmigiano-reggiana

1. V ponev, ki je dovolj velika, da sprejme vse kuhane testenine, vlijemo olje. Dodamo čebulo, korenček, zeleno, česen in baziliko. Kuhajte na srednje močnem ognju, dokler se zelenjava ne zmehča, približno 10 minut.

2. Dodamo teletino in med pogostim mešanjem kuhamo približno 10 minut, da razpadejo grudice. Prilijemo vino in zavremo. Pustite vreti 1 minuto.

3. Primešamo paradižnik in juho, solimo in popramo po okusu. Na šibkem ognju dušimo 45 minut, občasno premešamo.

4. V veliki ponvi zavrite 4 litre vode. Dodajte 2 žlici soli, nato pa testenine. Dobro premešaj. Med pogostim mešanjem kuhajte na močnem ognju, dokler testenine niso skoraj mehke, a rahlo kuhane. Odstavite malo vrele vode. Testo odcedimo.

5. V ponev dodamo testenine in segrejemo na srednjo temperaturo. Testenine kuhamo 2 minuti, dobro premešamo, po potrebi dodamo malo vode. Vmešajte sir in takoj postrezite.

Špageti na način Caruso

Špageti Enrica Carusa

Za 6 obrokov

Enrico Caruso, veliki neapeljski tenorist, je rad kuhal in jedel. Testenine so bile njena specialiteta in menda ena njenih najljubših.

¼ skodelice oljčnega olja

¼ skodelice drobno sesekljane šalotke ali čebule

8 unč piščančjih jeter, obreženih in narezanih na majhne koščke

1 čajna žlička sesekljanega rožmarina

Sol in sveže mlet črni poper

2 skodelici olupljenih, semen in narezanih svežih paradižnikov ali pločevinka uvoženih italijanskih konzerviranih olupljenih paradižnikov, odcejenih in sesekljanih

1 kg špagetov ali lingvin

2 žlici nesoljenega masla

1/2 skodelice sveže naribanega parmigiano-reggiana

1. Olje vlijemo v ponev, ki je dovolj velika, da sprejme vse testenine. Dodamo šalotko. Kuhajte na srednjem ognju do mehkega, približno 3 minute. Dodamo jetrca, rožmarin ter sol in poper po okusu. Kuhajte 2 minuti ali dokler jetra niso več rožnata.

2. Vmešajte paradižnik in zavrite. Kuhajte 20 minut oziroma dokler se rahlo ne zgosti.

3. V veliki ponvi zavrite 4 litre vode. Dodajte 2 žlici soli, nato dodajte testenine in rahlo pritiskajte, dokler niso popolnoma potopljene v vodo. Dobro premešaj. Na močnem ognju med pogostim mešanjem kuhajte, dokler testenine niso al dente, mehke, a čvrste na ugriz. Odstavite nekaj vode za kuhanje. Testo odcedimo.

4. V omako dodajte špagete in mešajte na močnem ognju 1 minuto. Dodajte malo vrele vode, če se vam zdi omaka pregosta. Dodamo maslo in sir ter ponovno premešamo. Postrezite takoj.

Peresniki s fižolom in panceto

Penne in Fagioli

Za 4-6 obrokov

Nekateri recepti za testenine in fižol so gosti in jušni, z enakimi deli fižola in testenin. Ta toskanska različica je res testenina s fižolom in paradižnikovo omako.

2 žlici oljčnega olja

2 1/2 unče pancete, drobno sesekljane

1 srednja čebula, drobno sesekljana

1 velik strok česna, olupljen in sesekljan

Odcedite 2 skodelici kuhanih ali konzerviranih brusnic ali kanelini fižola

1 1/2 funta slivovih paradižnikov, olupljenih, brez semen in narezanih ali 3 skodelice konzerviranih uvoženih italijanskih paradižnikov, odcejenih in narezanih

sol po okusu

1 funt peresnikov

Sveže mleti črni poper

1/2 skodelice sesekljanega peteršilja

1/2 skodelice sveže naribanega parmigiano-reggiana

1. V večjo ponev vlijemo olje. Dodamo panceto. Na srednjem ognju med občasnim mešanjem kuhajte 10 minut ali dokler rahlo ne porjavi. Dodajte čebulo in kuhajte, dokler ni mehka in zlata, približno 10 minut.

2. Vmešajte česen in kuhajte še 1 minuto. Dodamo fižol, paradižnik, sol in poper. Pustite vreti 5 minut.

3. V veliki ponvi zavrite približno 4 litre vode. Dodajte 2 žlici soli, nato pa testenine. Dobro premešaj. Na močnem ognju med pogostim mešanjem kuhajte, dokler testenine niso al dente, mehke, a čvrste na ugriz. Odstavite nekaj vode za kuhanje. Testo odcedimo.

4. Testenine z omako in peteršiljem stresite v veliko toplo skledo. Po potrebi dodamo malo vode za kuhanje. Dodamo

sir in ponovno premešamo. Postrezite s sveže naribanim parmigiano-reggianom.

Testenine s čičeriko

Pašta in Ceci

Za 4 porcije

Kapljica ekstra deviškega oljčnega olja je popolna pika na i čičerikinim testeninam. Če želite stvari popestriti, poskusite nekaj<u>sveto olje</u>.

2 žlici oljčnega olja

2 unči debelo narezane pancete, drobno sesekljane

1 srednje velika rdeča čebula, drobno sesekljana

1 kilogram paradižnikov, olupljenih, očiščenih in narezanih

1 žlica sesekljanega svežega žajblja

Ščepec mlete rdeče paprike

Sol

Odcedite 2 skodelici kuhane ali konzervirane čičerike

8 unč majhnih testenin, kot so komolec ali ditali

Ekstra deviško olivno olje

1. V večjo ponev vlijemo olje. Dodamo panceto in čebulo ter na zmernem ognju med občasnim mešanjem kuhamo približno 10 minut oziroma dokler se ne zmehča in zlato porjavi.

2. Dodajte paradižnik, 1/2 skodelice vode, žajbelj, papriko in sol po okusu. Zavremo in kuhamo 15 minut. Dodamo čičeriko in kuhamo še 10 minut.

3. V veliki ponvi zavrite približno 4 litre vode. Vmešajte 2 žlici soli, nato pa vmešajte testenine. Dobro premešaj. Med pogostim mešanjem kuhajte, dokler testenine niso mehke, a čvrste. Odstavite nekaj vode za kuhanje. Testo odcedimo.

4. V ponev z omako dodamo testenine. Dobro premešamo in zavremo, po potrebi dolijemo malo vode za kuhanje. Postrezite takoj.

Rigatonijev Rigoletto

Testenine al Rigoletto

Za 6 obrokov

Ta testenina je dobila ime po Rigolettu, tragičnem junaku slavne Verdijeve opere. Zgodba se odvija v Mantovi, kjer so te testenine znane.

2 ali 3 italijanske svinjske klobase (približno 12 unč)

2 žlici oljčnega olja

1 srednja čebula, drobno sesekljana

2 stroka česna, drobno sesekljana

4 žlice paradižnikove paste

2 skodelici vode

2 skodelici kuhanih posušenih brusnic ali fižola cannellini, rahlo odcejenih

Sol in sveže mlet črni poper

1 funt rigatonov

1 žlica nesoljenega masla

1/4 skodelice drobno sesekljane sveže bazilike

1/2 skodelice sveže naribanega parmigiano-reggiana

1. Odstranite oblogo klobas, meso narežite na majhne koščke.

2. Olje vlijemo v ponev, ki je dovolj velika, da sprejme vse sestavine. Dodajte čebulo, meso klobase in česen. Med pogostim mešanjem kuhajte na srednje močnem ognju, dokler se čebula ne zmehča in klobasa rahlo porjavi (približno 15 minut).

3. Dodajte paradižnikovo pasto in vodo. Zavremo in kuhamo 20 minut oziroma dokler se rahlo ne zgosti.

4. Dodamo fižol in po okusu začinimo s soljo in poprom. Kuhamo 10 minut, nato fižol pretlačimo s hrbtno stranjo žlice, da postane omaka kremasta.

5. V veliki ponvi zavrite vsaj 4 litre vode. Dodajte 2 žlici soli, nato pa testenine. Dobro premešaj. Na močnem ognju med

pogostim mešanjem kuhajte, dokler testenine niso al dente, mehke, a čvrste na ugriz. Odstavite nekaj vode za kuhanje. Testo odcedimo.

6. V ponev z omako dodamo testenine, premešamo in kuhamo 1 minuto. Po potrebi dodajte malo vode. Vmešajte maslo in baziliko. Dodamo sir in ponovno premešamo. Postrezite takoj.

Annini ocvrti špageti

Špageti Fritti alla Anna

Za 4 porcije

Ko je moj mož s skupino prijateljev obiskal lastnico kulinarične šole Anno Tasco Lanza na njeni družinski kmetiji in v kleti v Regalealiju na Siciliji, smo si razdelili več obrokov. Proti koncu našega bivanja smo se odločili, da iz tega, kar je bilo v hladilniku, naredimo sproščeno kosilo. Medtem ko smo ostali delali z rezanjem kruha in sira, nalivanjem vina in pripravo solate, je Anna vzela nekaj ostankov špagetov in jih stresla v debelo ponev. Testo se je v nekaj minutah spremenilo v hrustljavo zlato torto, ki so jo vsi požrli. Anna je bila presenečena, da smo tako uživali, in je rekla, da naj bo narejeno samo iz ostankov testa. Moja prijateljica Judith Weber se je sčasoma naučila več o pripravi in mi dala recept. To je idealno za polnočno večerjo,

4-8 unč hladnih ostankov špagetov<u>Sicilijanska paradižnikova omaka</u>obsedenost<u>Marinara omaka</u>

3 žlice oljčnega olja

2 žlici naribanega pecorina romana

1. Po potrebi pripravimo špagete s paradižnikovo omako. Hladite vsaj 1 uro ali čez noč.

2. V veliki ponvi proti prijemanju segrejte 2 žlici olja na srednje močnem ognju. Z oljem potresemo 1 žlico sira in takoj dodamo testenine v ponev. Poravnajte s hrbtno stranjo žlice. Testo ne sme biti globlje od 3/4 palca.

3. Testo kuhamo tako, da ga občasno pritisnemo ob ponev, dokler ni zlato rjavo in hrustljavo (cca. 20 minut). Vsake toliko časa pod testo potisnemo tanko lopatko, da se ne prime.

4. Ko se testo lepo zapeče, ponev odstavimo z ognja. Pod testo potisnemo lopatko, da se ne prime. Na ponev postavite veliko obrnjeno skledo. Z rokami zaščitite roke in obrnite pekač in krožnik tako, da polpeta padeta iz pekača na krožnik.

5. V ponev dodajte preostalo olje in sir. Testo potisnite nazaj v ponev s hrustljavo stranjo navzgor. Pecite na enak način kot

prvo stran, dokler ne postane rjava in hrustljava, dodatnih 15 minut. Narežemo na kolobarje in postrežemo vroče.

Testenine iz jajčevcev Timbale

Testenine al Timballo

Za 6 obrokov

Rezine jajčevcev s testeninami, sirom in mesom v kupoli so spektakularna jed za zabavo ali posebno priložnost. Pripraviti ga ni težko, vendar bodite zelo previdni, ko težko testo vzamete iz pečice, medtem ko je vroče.

Na Siciliji ga pripravljajo s caciocavallom, poltrdim sirom iz kravjega mleka, ki se prodaja v hruškastih ovitkih. Ime pomeni konjski sir in zakaj se tako imenuje, se razpravlja že stoletja. Nekateri zgodovinarji verjamejo, da je bil sir prvotno izdelan iz kobiljega mleka, drugi pa menijo, da so ga nekoč prevažali na konju, obešenega na palice. Caciocavallo je podoben provolonu, ki ga lahko nadomestimo ali uporabimo pecorino romano.

2 srednja jajčevca (približno 1 funt vsak)

Sol

olivno olje

1 srednje velika rdeča čebula, drobno sesekljana

1 strok česna, drobno sesekljan

8 unč mlete govedine

8 unč italijanske svinjske klobase, s kožo in narezane na kocke

2 funta svežih paradižnikov, olupljenih, brez semen in narezanih, ali 1 (28 oz.) uvoženih sesekljanih italijanskih pelatov

1 skodelica svežega ali zamrznjenega graha

Sveže mleti črni poper

1 funt Perciatelli ali Bucatini

12 unč mocarele, narezane

1 skodelica sveže naribanega Caciocavalla ali Pecorina Romana

3 unče salame, narezane na kocke

2 žlici sesekljane sveže bazilike

2 trdo kuhani jajci, narezani na rezine

1. Jajčevec po dolžini narežemo na 1/4 palca debele rezine. Rezine izdatno potresemo s soljo in jih za vsaj 30 minut damo v cedilo, da se odcedijo. Rezine sperite in obrišite do suhega.

2. V veliki ponvi na srednje močnem ognju segrejte 1/4 palca olja. Rezine eno za drugo cvremo, da rahlo porjavijo na obeh straneh, približno 5 minut na stran. Odcedimo na papirnati brisači.

3. V večjo ponev vlijemo olje. Dodamo čebulo in česen ter med pogostim mešanjem kuhamo na srednje močnem ognju, dokler se čebula ne zmehča (približno 5 minut). Dodajte govedino in klobaso. Kuhajte, pogosto mešajte, dokler rahlo ne porjavi, približno 10 minut.

4. Dodajte paradižnik ter sol in poper po okusu. Kuhajte na majhnem ognju 20 minut. Dodamo grah in kuhamo še 10 minut oziroma dokler se omaka ne zgosti.

5. V veliki ponvi zavrite vsaj 4 litre vode. Dodajte 2 žlici soli, nato pa testenine. Dobro premešaj. Med pogostim mešanjem kuhajte na močnem ognju, dokler testenine niso

mehke, a še vedno zelo čvrste. Testenine odcedimo in vrnemo v lonec. Testenine zmešamo z omako. Pustite, da se ohladi 5 minut.

6. 4-litrsko skledo ali enolončnico obložite z aluminijasto folijo in jo pritisnite ob stran. Folijo namažite z olivnim oljem. Začnite na sredini sklede in razporedite polovico rezin jajčevcev, tako da rahlo prekrivate notranjost in pustite nekaj rezin na vrhu.

7. Dodajte mocarelo, nariban sir, salamo in baziliko skupaj s testeninami in dobro premešajte. Polovico testenin damo v pripravljeno skledo in pazimo, da ne poškodujemo jajčevca. Na testo razporedimo jajčne rezine. Na vrh položite preostalo testo in prihranjene rezine jajčevca. Rahlo pritisnite navzdol.

8. Na sredino pečice postavite rešetko. Pečico segrejte na 400°F. Pecite 45–60 minut ali dokler ni vroče v sredini, 140 °F na termometru s takojšnjim odčitavanjem. (Točen čas peke je odvisen od premera posode.)

9. Pustite timbala stati 15 minut. Skledo obrnemo na servirni krožnik. Odstranite skledo in previdno odlepite folijo. Postrezite takoj.

Ocvrti ziti

Ziti al Forno

Za 8-12 obrokov

Takšne ocvrte testenine so priljubljene v južni Italiji. V času, ko je le malo domov imelo pečice, so pekače za testo odnesli v lokalno pekarno, da so jih spekli, potem ko je pek končal z izdelavo dnevnega kruha.

    4 skodelice<u>Neapeljski ragu</u>

Sol

1 funt zitija, penneja ali rigatonija

1 funt cele ali delno posnete rikote

1 skodelica sveže naribanega sira Pecorino Romano ali Parmigiano-Reggiano

12 unč sveže mocarele, narezane ali razrezane

1. Po potrebi pripravimo ragu. Nato v veliki kozici zavrite 4 litre vode. Dodajte 2 žlici soli, nato pa testenine. Dobro premešaj. Med pogostim mešanjem kuhajte na močnem ognju, dokler se skoraj ne zmehča. Testo odcedimo.

2. V veliki skledi zmešajte testenine z 2 skodelicama raguja, 1 skodelico rikote in polovico naribanega sira. Iz raguja narežemo nekaj mesnih kroglic in klobas in jih vmešamo v testo. (Preostalo meso lahko postrežemo kot drugo jed.)

3. Na sredino pečice postavite rešetko. Pečico segrejte na 350°F. Polovico zitija razporedite v pekač velikosti 13×9×2 palca. Po vrhu razporedite preostalo rikoto. Potresemo z mocarelo. Nalijte 1 skodelico omake. Na vrh dajte preostali ziti in drugo skodelico omake. Potresemo s preostalo 1/2 skodelice naribanega sira. Skledo varno pokrijte z aluminijasto folijo.

4. Ziti pečemo 45 minut. Pokrijte in pecite še 15-30 minut oziroma dokler rezilo tankega noža ni vroče na sredini in omaka brbota po robovih. Pustite, da se ohladi na rešetki 15 minut. Postrezite toplo.

Sicilijansko ocvrte testenine

Testenine al Forno alla Siciliana

Za 12 obrokov

Družina mojega moža na Siciliji se je veselila te testenine ob posebnih priložnostih, kot sta božič in velika noč. To je bila specialiteta njegove babice Adele Amico, ki je bila iz Palerma.

Anellini "Majhni obročki" so tipične oblike testa, vendar jih je težko najti. Fusilli lunghi, "dolgi fusilli" ali bucatini, debeli špageti z luknjo na sredini, so dober nadomestek. Je popolna jed za zabavo, saj jo lahko sestavite v serijah ali dan vnaprej in postreže mnogim.

Če se vam testo ne da oblikovati, ga lahko narežete na kvadrate in postrežete kar iz pekača. Po peki 20-30 minutni premor pomaga, da testo obdrži obliko.

omaka

¼ skodelice oljčnega olja

1 srednja čebula, drobno sesekljana

2 stroka česna, drobno sesekljana

1/4 skodelice paradižnikove mezge

4 (28 oz.) pločevinke uvoženih italijanskih pelatov

Sol in sveže mlet črni poper

1/4 skodelice sesekljane sveže bazilike

polnilec

2 žlici oljčnega olja

1/2 kilograma mlete govedine

1/2 kilograma mletega svinjine

1 strok česna, zelo drobno sesekljan

Sol in sveže mlet črni poper

1 skodelica svežega ali zamrznjenega graha

2 žlici nesoljenega masla, zmehčanega

1 skodelica navadnih suhih drobtin

2 kg anellinov ali perciatelli

Sol

½ skodelice sveže naribanega parmigiano-reggiana

½ skodelice sveže naribanega Pecorina Romana

1 skodelica uvoženega provolona, narezanega na kocke

1. Priprava omake: V večji lonec vlijemo olje. Dodajte čebulo in česen. Kuhajte na srednjem ognju 10 minut oziroma dokler se čebula in česen ne zmehčata in zlato rjavo zapečeta. Vmešajte paradižnikovo pasto in kuhajte 2 minuti.

2. Dodajte paradižnik in zavrite. Solimo in popramo po okusu ter med občasnim mešanjem kuhamo 1 uro oziroma dokler se omaka ne zgosti. Vmešajte baziliko.

3. Za pripravo nadeva: V veliki ponvi segrejte olje na srednje močnem ognju. Dodamo meso, česen ter sol in poper po okusu. Kuhamo 10 minut in mešamo, da razbijemo grudice. Ko se meso zapeče, dodajte 2 skodelici pripravljene

paradižnikove omake. Zavremo in kuhamo, dokler se ne zgosti, približno 20 minut. Primešamo še grah. Pustimo, da se malo ohladi.

4. Dno in stranice 13×9×2-palčnega pekača namažite z maslom. Pekač potresemo z drobtinami in jih potapkamo, da se primejo.

5. Na sredino pečice postavite rešetko. Pečico segrejte na 375°F. V dveh velikih loncih zavrite vsaj 4 litre vode. V vsak lonec dodajte 3 žlice soli, nato pa testenine. Dobro premešaj. Med pogostim mešanjem kuhajte na močnem ognju, dokler testenine niso mehke, a rahlo kuhane. Testenine odcedimo in vrnemo v lonec. Testenine premešajte s 3 skodelicami preproste paradižnikove omake in naribanim sirom.

6. Polovico testa previdno vložimo v pripravljen pekač in pazimo, da ne zmotimo drobtin. Mesni nadev enakomerno prelijemo po testu. Po vrhu potresemo kocke sira. Na vrh vlijemo preostalo testo. Vsebino ponve pogladimo z žlico.

7. Pripravite rešetko za hlajenje in velik pladenj v velikosti ponve ali desko za rezanje. Pečemo 60-90 minut oziroma dokler se testo ne segreje in postane hrustljavo. Pustite, da se testo 30 minut hladi v pekaču na rešetki. Z majhnim nožem potegnite po robu ponve. Roke zaščitite z rokavicami za kuhanje in testo zvrnite na pladenj ali desko za rezanje. Narežemo na kvadratke in postrežemo tople s preostalo paradižnikovo omako.

Pečene testenine Sophie Loren

Testenine al Forno alla Loren

Za 8-10 obrokov

Igralka Sophia Loren rada kuha in je celo pisala kuharske knjige. Njegov pravi priimek je Scicolone, tako kot moj, čeprav moje ime prihaja od mojega moža in njegove sicilijanske družine. Tako kot moji stari starši je tudi Sophia iz Neaplja, čeprav je bil moj dekliški priimek Scotto. Pogosto me vprašajo, ali sva v sorodu. Nismo, čeprav občudujem Sophiino lepoto in talent, tako kot igralke kot kuharice.

To je moj pogled na recept za ocvrto testo, ki je bil nekoč opisan kot priljubljen v družbi. Če ste hrano pripravili vnaprej in jo shranili v hladilniku, čas kuhanja podaljšajte vsaj za pol ure.

4 skodeliceBolonjska omakaali drugo mesno in paradižnikovo omako

    4 skodelice<u>Bešamel</u>

Sol

1 1/2 funta penne, ziti ali mostaccioli

1 skodelica sveže naribanega parmigiano-reggiana

1. Po potrebi pripravimo obe omaki. Nato namažite pekač velikosti 13×9×2 palcev.

2. V veliki ponvi zavrite vsaj 4 litre vode. Dodajte 2 žlici soli, nato pa testenine. Dobro premešaj. Med pogostim mešanjem kuhajte na močnem ognju, dokler se testenine skoraj ne zmehčajo. Testo odcedimo.

3. Na sredino pečice postavite rešetko. Pečico segrejte na 400°F. Odstavite 1/4 skodelice sira. Testenine prelijemo s polovico bolonjske omake. Približno 1/3 testa razporedite po pekaču. Na vrh prelijemo približno 1/3 bešamela in sira. Prelijemo z bolonjsko omako.

4. Ta postopek ponovite in dodajte še dve plasti z vsemi sestavinami. Potresemo s prihranjenim sirom.

5. Pekač pokrijemo z aluminijasto folijo. Pecite, dokler se ob robovih ne naredijo mehurčki in je rezilo tankega noža v sredini vroče na dotik (približno 45 minut). Pokrijte in

pecite še 15 minut. Testo vzamemo iz pečice. Pustite, da se ohladi na rešetki 15 minut. Postrezite toplo.

Linguine z omako iz školjk

Linguine je vse Vongole

Za 4-6 obrokov

Uporabite najmanjšo školjko, ki jo najdete, npr. B. Manilska školjka ali majhno ozko grlo. Novozelandske školjke so pogoste na mojem območju in morda tudi na vašem območju. Tudi te delujejo dobro. Italijani uporabljajo nežne, vongole, mehke školjke s trdim lupinom z lepimi cik-cak oznakami. Te školjke bodisi niso preveč zrnate ali pa jih pred kuhanjem temeljito očistijo, saj se Italijani pred pripravo omake ne trudijo odstraniti školjk iz lupin.

Linguine z omako iz školjk ni mogoče postreči z naribanim sirom.

3 funte majhnih školjk s trdo lupino ali novozelandskih školjk, dobro očiščenih

1/3 skodelice ekstra deviškega olivnega olja in več za polivanje

4 stroki česna, drobno sesekljani

2 žlici sesekljanega svežega peteršilja

Ščepec mlete rdeče paprike

1 funt linguina

Sol

1. Postavite školjke v veliko ponev s 1/4 skodelice vode na srednje močan ogenj. Lonec pokrijemo in kuhamo toliko časa, da tekočina povre in se školjke odprejo. Odprte školjke odstranite z žlico z režami in jih položite v skledo. Nadaljujte s kuhanjem neodprtih školjk. Zavrzite tisto, ki se ne odpre. Prihranite sok školjk.

2. Delajte v majhni skledi, da ujamete sok, postrgajte lupine s školjk in jih prestavite v drugo skledo. Vso tekočino iz ponve skupaj s sokom zlijemo v skledo. Če so školjke peščene, jih posamično sperite v soku školjk. Tekočino precedite skozi fino mrežasto cedilo, obloženo z gazo.

3. Olje vlijemo v ponev, ki je dovolj velika, da vanjo vzamemo kuhane testenine. Dodamo česen, peteršilj in mleto rdečo papriko. Kuhajte na srednjem ognju, dokler česen ni zlato

rjav, približno 2 minuti. Dodajte sok školjk. Kuhajte, dokler se tekočina ne zmanjša za polovico. Vmešajte školjke. Kuhajte še 1 minuto.

4. Medtem v večji kozici zavremo vsaj 4 litre vode. Dodajte 2 žlici soli, nato dodajte linguine in rahlo pritiskajte navzdol, dokler niso testenine popolnoma potopljene v vodo. Dobro premešaj. Med pogostim mešanjem kuhajte, dokler linguine ni al dente, mehak, a čvrst na ugriz. Testo odcedimo.

5. Testenine dodamo v ponev z omako in dobro premešamo na močnem ognju. Dodajte kanček ekstra deviškega oljčnega olja in ponovno premešajte. Postrezite takoj.

Toskanski špageti s školjkami

Špageti alla Viaregina

Za 4-6 obrokov

Tukaj je še ena različica špagetov s školjkami, narejenih v Viareggiu na toskanski obali. Čebula, vino in paradižnik dodajo omaki kompleksnejši okus.

3 funte majhnih školjk s trdo lupino ali novozelandskih školjk, dobro očiščenih

Sol

1/3 skodelice olivnega olja

1 majhna čebula, drobno sesekljana

2 stroka česna, drobno sesekljana

Ščepec mlete rdeče paprike

1 1/2 skodelice olupljenih, semen in narezanih svežih paradižnikov ali konzerviranih uvoženih italijanskih paradižnikov, odcejenih in sesekljanih

½ skodelice suhega belega vina

2 žlici sesekljanega svežega peteršilja

1 kg špagetov ali lingvin

1. Postavite školjke v veliko ponev s 1/4 skodelice vode na srednje močan ogenj. Lonec pokrijemo in kuhamo toliko časa, da tekočina povre in se školjke odprejo. Odprte školjke odstranite z žlico z režami in jih položite v skledo. Nadaljujte s kuhanjem neodprtih školjk. Zavrzite vse, ki niso odprti.

2. Delajte v majhni skledi, da ujamete sok, postrgajte lupine s školjk in jih prestavite v drugo skledo. Vso tekočino iz ponve skupaj s sokom zlijemo v skledo. Če so školjke peščene, jih posamično sperite v soku školjk. Tekočino precedite skozi fino mrežasto cedilo, obloženo z gazo.

3. V večjo ponev vlijemo olje. Dodajte čebulo in med pogostim mešanjem kuhajte na srednje močnem ognju, dokler čebula ne postane zlato rjave barve, približno 10 minut. Dodamo česen in strto rdečo papriko ter kuhamo še 2 minuti.

4. Vmešajte paradižnik, vino in sok školjk. Kuhajte 20 minut oziroma dokler se omaka ne zmehča in zgosti.

5. V veliki ponvi zavrite vsaj 4 litre vode. Dodajte 2 žlici soli, nato dodajte testenine in rahlo pritiskajte, dokler niso popolnoma potopljene v vodo. Dobro premešaj. Na močnem ognju med pogostim mešanjem kuhajte, dokler testenine niso al dente, mehke, a čvrste na ugriz. Odstavite nekaj vode za kuhanje. Testo odcedimo.

6. V omako vmešamo školjke in peteršilj. Po potrebi dodajte malo vode. V segreti posodi zmešamo omako in testenine. Postrezite takoj.

Linguine z inčuni in pikantno paradižnikovo omako

Linguine alla Puttanesca

Za 4-6 obrokov

Običajna razlaga za italijansko ime te okusne omake je, da so si jo izmislili ulični tekači v Rimu ali Neaplju, ki niso imeli veliko časa za kuhanje, želeli pa so topel in okusen obrok.

1/4 skodelice oljčnega olja

3 stroki česna, zelo drobno sesekljani

Ščepec mlete rdeče paprike

1 (28 unč) pločevinka uvoženih italijanskih pelatov, odcejenih in sesekljanih

Sol

6 drobno narezanih filejev inčunov

1/2 skodelice sesekljane gaete ali drugih blagih črnih oliv

2 žlici drobno sesekljanih, opranih kaper

2 žlici sesekljanega svežega peteršilja

1 funt lingvin ali špagetov

1. V ponev, ki je dovolj velika, da sprejme vse kuhane testenine, vlijemo olje. Dodamo česen in strto rdečo papriko. Kuhajte, dokler česen ni zlato rjav, približno 2 minuti.

2. Dodamo paradižnik in ščepec soli. Zavremo in kuhamo 15-20 minut oziroma dokler se omaka ne zgosti.

3. Dodamo inčune, olive in kapre ter pražimo še 2-3 minute. Vmešajte peteršilj.

4. V veliki ponvi zavrite vsaj 4 litre vode. Dodamo lingvine in solimo po okusu. Nežno pritiskajte na testo, dokler ni popolnoma potopljeno v vodo. Med pogostim mešanjem kuhajte, dokler testenine niso al dente, mehke, a odporne na ugrize. Odstavite nekaj vode za kuhanje. Testo odcedimo.

5. V ponev z omako dodamo testenine. Na močnem ognju kuhamo 1 minuto, po potrebi dodamo malo vode za kuhanje. Postrezite takoj.

Linguine s kozicami in majhnimi paradižniki

Linguine al Granchio

Za 4-6 obrokov

V Neaplju drobni posušeni čili dodajo okus številnim omakam z morskimi sadeži, vendar zmerno uporabljajte močno rdečo papriko, saj lahko preglasi okusnost rakovega mesa. Enako velja za česen, ki je v tem receptu uporabljen le za aromatiziranje jedilnega olja in nato odstranjen pred dodajanjem paradižnika in kozic.

1/3 skodelice olivnega olja

3 veliki stroki česna, zdrobljeni

Ščepec mlete rdeče paprike

2 pinta češnjevih ali grozdnih paradižnikov, prepolovljenih ali na četrtine, če so veliki

Sol in sveže mlet črni poper

8 unč svežega grudastega rakovega mesa, pobranega, da odstranimo koščke lupine, ali mletega kuhanega jastoga

8 svežih listov bazilike, natrganih na koščke

1 funt linguina

1. V večjo ponev vlijemo olje. Dodamo stroke česna in rdečo papriko ter kuhamo na zmernem ognju. Enkrat ali dvakrat stisnite česen s hrbtno stranjo žlice, dokler česen ne postane temno zlate barve (približno 4 minute). Česen odstranite z žlico z režami.

2. Dodajte paradižnik ter sol in poper po okusu. Med pogostim mešanjem kuhajte, dokler se paradižniki ne zmehčajo in sok ne izcedi, približno 10 minut.

3. Previdno vmešamo kozice in baziliko. Odstranite z ognja.

4. V veliki ponvi zavrite vsaj 4 litre vode. Dodajte 2 žlici soli, nato dodajte testenine in rahlo pritiskajte, dokler niso popolnoma potopljene v vodo. Dobro premešaj. Kuhajte na močnem ognju in pogosto mešajte, dokler linguine ni al dente, mehak, a čvrst na ugriz.

5. Testenine odcedimo in prihranimo nekaj vode za kuhanje. Dodajte testenine skupaj z omako in dodajte malo vode, če se vam zdijo suhe. Na močnem ognju dušimo 1 minuto. Postrezite takoj.

Linguine z mešano omako iz morskih sadežev

Linguine ai Frutti di Mare

Za 4-6 obrokov

Sladki mali grozdni paradižniki so polnega okusa kot Pomodorini della Collina, majhen paradižnik na pobočju, ki raste blizu Neaplja. Če grozdnih paradižnikov ni na voljo, raje uporabite češnjeve paradižnike ali narezane sveže češpljeve paradižnike.

To omako lahko pripravite v kratkem času, ki je potreben za kuhanje testenin. Da se nič ne razkuha, pred začetkom pripravite vse potrebne sestavine in opremo. Da prihranite čas in trud, lahko uporabite že narezane kolobarje sipe (lignjev).

1 funt očiščenih lignjev (sipe)

6 žlic ekstra deviškega olivnega olja in več za pokapanje

Sol

1 funt srednje velikih kozic, olupljenih in razrezanih

2 velika stroka česna, zelo drobno sesekljana

1/4 skodelice sesekljanega svežega ploščatega peteršilja

Ščepec mlete rdeče paprike

1 pol litra grozdja ali češnjevih paradižnikov, prerezanih na pol

1 funt majhnih školjk ali klapavic s trdo lupino, očiščenih in oluščenih, kot je opisano v korakih 1 in 2Linguine z omako iz školjk, vključno s sadnim sokom

1 funt linguina ali tankih špagetov

1. Telo lignja narežite na 1/2-palčne kolobarje in dno lovk križno prepolovite. Kozico narežite na 1/2-palčne kose. Morske sadeže posušite.

2. V ponvi, ki je dovolj velika, da sprejme vse sestavine, segrejte 4 žlice olja na srednje močnem ognju. Dodamo lignje in solimo po okusu. Med pogostim mešanjem kuhajte približno 2 minuti, dokler lignji niso neprozorni. Lignje izdolbemo z žlico z režami in položimo na krožnik. V ponev dodamo kozice in solimo po okusu. Med mešanjem kuhajte,

dokler kozice niso rožnate, 1 minuto. Kozico prestavimo na krožnik z lignji.

3. Dodajte preostali 2 žlici olja v ponev skupaj s česnom, peteršiljem in papriko. Med mešanjem kuhajte, dokler česen ni zlato rjav, približno 2 minuti. Dodajte paradižnik in sok školjk. Kuhajte 5 minut oziroma dokler se paradižnik ne zmehča. Vmešajte lignje, kozice in školjke.

4. V veliki ponvi zavrite vsaj 4 litre vode. Dodajte 2 žlici soli, nato dodajte testenine in rahlo pritiskajte, dokler niso popolnoma potopljene v vodo. Dobro premešaj. Na močnem ognju med pogostim mešanjem kuhajte, dokler testenine niso al dente, mehke, a čvrste na ugriz. Testenine odcedimo in prihranimo nekaj vode za kuhanje.

5. Dodajte testenine v ponev z morskimi sadeži. Na močnem ognju kuhajte 30 sekund, nato testenine prelijte z omako. Po potrebi dodamo malo vode za kuhanje. Pokapajte z ekstra deviškim oljčnim oljem in ponovno premešajte. Postrezite toplo.

Tanki špageti s palčkami

Špageti z Bottargo

Za 4-6 obrokov

Bottarga je posušena nasoljena ikra cipla, tuna ali drugih rib. Večina prihaja s Sardinije ali Sicilije. Prodajajo ga celega v hladilnikih številnih ribarnic in gurmanskih trgovin, naribanega ali naribanega z lupilcem za zelenjavo ali strgalnikom za sir. Obstaja tudi posušena vrsta v prahu, ki se prodaja v steklenicah. Je priročno, vendar imam raje ohlajeno različico. Okus bottarge je nekje med kaviarjem in kakovostnimi sardoni.

1/3 skodelice ekstra deviškega oljčnega olja

2 stroka česna, drobno sesekljana

2 žlici sesekljanega svežega peteršilja

Ščepec mlete rdeče paprike

Sol

1 kg tankih špagetov

3-4 jedilne žlice naribane ali nastrgane sticarge

1. Olje vlijemo v ponev, ki je dovolj velika, da sprejme vse testenine. Dodamo česen, peteršilj in poper. Kuhajte na srednjem ognju, dokler česen ni zlato rjav, približno 2 minuti.

2. V veliki ponvi zavrite vsaj 4 litre vode. Dodajte 2 žlici soli, nato pa testenine. Dobro premešajte in nežno pritisnite testo, dokler voda ni popolnoma potopljena. Na močnem ognju med pogostim mešanjem kuhajte, dokler testenine niso al dente, mehke, a čvrste na ugriz. Testenine odcedimo in prihranimo nekaj vode za kuhanje.

3. Dodajte testenine v ponev in dobro mešajte na močnem ognju 1 minuto. Po potrebi dodamo malo vode za kuhanje. Potresemo z bottargo in ponovno premešamo. Postrezite takoj.

Beneški polnozrnati špageti v inčunovi omaki

Bigoli v salsi

Za 4-6 obrokov

V Benetkah debele polnozrnate špagete izdelujejo ročno s posebnim orodjem, imenovanim tochio, ki deluje podobno kot mlin za meso. Testo se potisne skozi majhne luknje v gorilniku in pride ven v obliki dolgih pramenov. Za ta recept, ki je beneška klasika, uporabljam posušene polnozrnate špagete.

1/4 skodelice oljčnega olja

2 srednji rdeči čebuli, prepolovljeni in na tanko narezani

1/2 skodelice suhega belega vina

1 (3 oz.) kozarec filejev inčunov

Sol

1 kg polnozrnatih špagetov

Sveže mleti črni poper

1. Olje vlijemo v ponev, ki je dovolj velika, da sprejme vse testenine. Dodajte čebulo in kuhajte na srednjem ognju, dokler čebula ne postane zlato rjava, približno 10 minut. Dodamo vino in med pogostim mešanjem kuhamo še 15 minut, dokler se čebula ne zmehča, vendar ne porjavi.

2. Inčune odcedimo in olje prihranimo. V ponev dodamo inčune in premešamo. Med pogostim mešanjem kuhajte še 10 minut, dokler se inčuni ne raztopijo.

3. V veliki ponvi zavrite vsaj 4 litre vode. Dodajte 2 žlici soli, nato pa testenine. Dobro premešajte in nežno pritisnite testo, dokler voda ni popolnoma potopljena. Na močnem ognju med pogostim mešanjem kuhajte, dokler testenine niso al dente, mehke, a čvrste na ugriz. Odstavite nekaj vode za kuhanje. Testo odcedimo.

4. V ponev z omako dodamo testenine in na močnem ognju mešamo 1 minuto. Po potrebi dodajte malo vode. Po želji jih pokapljamo z inčunovim oljem in po vrhu potresemo sveže mlet poper. Postrezite takoj.

Špageti v slogu Capri

Špageti alla Caprese

Za 4-6 obrokov

Ribe in sir se v Italiji redko kombinirajo, saj lahko pikantnost sira prevlada nad okusnostjo rib. Vendar pa obstajajo izjeme pri vsakem pravilu. Tukaj je testenina z otoka Capri, ki združuje dve vrsti rib z mocarelo. Okusi delujejo, ker je sir blag in bogat, a nekoliko prevladujejo inčuni in tuna.

1/3 skodelice olivnega olja

2 skodelici olupljenih, semen in narezanih svežih paradižnikov ali odcejenih in nasekljanih konzerviranih uvoženih italijanskih paradižnikov

Sol

4 drobno sesekljane fileje inčunov

1 (7 oz) pločevinka tune v olivnem olju, odcejena in narezana

12 Gaeta ali drugih blagih črnih oliv, izkoščičenih in narezanih

Sveže mleti črni poper

1 kilogram špagetov

Sol

4 unče sveže mocarele, narezane na kocke

1. V ponvi, ki je dovolj velika za kuhane testenine, segrejte oljčno olje na srednje močnem ognju. Dodajte paradižnik in sol po okusu. Med občasnim mešanjem kuhajte 10-15 minut oziroma dokler paradižnikov sok ne izhlapi. Izklopite ogrevanje.

2. Sesekljane sestavine zmešamo s paradižnikovo omako. Če želite, dodajte poper.

3. V veliki ponvi zavrite vsaj 4 litre vode. Dodajte 2 žlici soli, nato pa testenine. Dobro premešajte in nežno pritisnite testo, dokler voda ni popolnoma potopljena. Na močnem ognju med pogostim mešanjem kuhajte, dokler testenine niso al dente, mehke, a čvrste na ugriz. Testenine odcedimo in prihranimo nekaj vode za kuhanje.

4. Dodajte testenine v ponev z omako in dobro mešajte 1 minuto na srednje močnem ognju. Dodajte malo vode, če se vam zdi testo suho. Dodamo mocarelo in ponovno premešamo. Postrezite takoj.

Linguine po beneško s kozicami

Linguine al Gamberi alla Veneta

Za 6 obrokov

Morda zato, ker je bilo njihovo mesto nekoč glavno trgovsko pristanišče na vzhodu, so bili beneški kuharji vedno odprti za eksperimentiranje. Ta linguine je na primer aromatiziran z rezino svežega ingverja, ki se v italijanski kuhinji ne uporablja pogosto, a se odlično poda k kozicam.

1 1/2 funta velika kozica, olupljena in brez žlebov

1/2 skodelice oljčnega olja

3 stroki česna, drobno sesekljani

1/4 palca debel kos svežega ingverja, olupljen

Ščepec mlete rdeče paprike

sol po okusu

1 žlica svežega limoninega soka

1 skodelica suhega belega vina

2 žlici sesekljanega svežega peteršilja

1 funt linguina

1. Kozico oplaknemo in osušimo. Vsako kozico narežite na 1/2-palčne kose.

2. V ponev, ki je dovolj velika, da sprejme vse kuhane testenine, vlijemo olje. Dodamo česen, ingver in mleto rdečo papriko. Kuhajte na srednjem ognju, dokler česen ni zlato rjav, približno 2 minuti. Dodamo kozico in velik ščepec soli. Med mešanjem kuhajte, dokler se kozice ne skuhajo, približno 2 minuti. Dodamo limonin sok in vino ter zavremo. Pustite vreti 2 minuti. Vmešajte peteršilj. Odstranite z ognja.

3. V veliki ponvi zavrite vsaj 4 litre vode. Dodajte 2 žlici soli, nato pa testenine. Dobro premešajte in nežno pritisnite testo, dokler voda ni popolnoma potopljena. Na močnem ognju med pogostim mešanjem kuhajte, dokler testenine niso al dente, mehke, a čvrste na ugriz. Testenine odcedimo in prihranimo nekaj vode za kuhanje.

4. Dodajte testo v ponev in ga na močnem ognju med mešanjem pražite 1 minuto, da se dobro poveže. Po potrebi dodamo malo vode za kuhanje. Odstranite ingver. Postrezite takoj.

Testenine s sardelami in koromačem

Testenine s Sardinijo

Za 6 obrokov

Sicilijanci so obsedeni s to jedjo in vsak kuhar trdi, da ima najboljši, najbolj pristen recept. Nekateri dodajo paradižnik, drugi pa sardele poparijo s koromačem, meni pa je bolj všeč ta način, da sardele skuham posebej in jih nadevam s testeninami, paradižnik pa prihranim za drug recept.

Koromač raste divje po vsej Siciliji in te testenine so narejene iz zelenih listov. Gojeni komarček nima enakega okusa, divji komarček pa pri nas ni široko dostopen. Za približek okusu te klasične sicilijanske jedi uporabljam kombinacijo svežega kopra in gojenega koromača. Ne sir, ampak popečene drobtine so pravi dodatek.

2 srednji čebulici koromača, narezani na rezine

1 skodelica sesekljanega svežega kopra

1/2 čajni žlički žafrana

½ skodelice plus 1 žlica oljčnega olja

¼ skodelice navadnih suhih drobtin

1 funt svežih sardel, očiščenih in filiranih (glejte opombo)

Sol in sveže mlet črni poper

1 velika čebula, drobno sesekljana

6 filejev inčunov

½ skodelice posušenega ribeza

½ skodelice pinjol

1 funt Perciatelli ali Bucatini

1. V veliki ponvi zavrite vsaj 4 litre vode. Dodajte koromač in koper ter kuhajte, dokler se ne zmehča, ko ga prebodete z vilicami, približno 10 minut. Izdolbite koromač in ga postrgajte z žlico z režami, vrelo vodo odstavite. Pustite, da se koromač in koper ohladita in drobno sesekljajte. V manjši skledi namočite žafranove nitke v 2 žlici komarčkove vode.

2. V majhni ponvi na srednje močnem ognju segrejte 1 žlico olja in med stalnim mešanjem pražite drobtine do zlato rjave barve, približno 5 minut.

3. V veliki ponvi segrejte 1/4 skodelice olja. Sardele na olju najprej popečemo s prerezano stranjo, dokler niso pečene, na obeh straneh približno 1 minuto. Solimo in popramo. Sardine prestavimo na krožnik.

4. Obrišite ponev. V ponev vlijemo preostalo 1/4 skodelice olja. Dodamo čebulo in pražimo na zmernem ognju do zlato rjave barve, približno 10 minut. Dodamo inčune, ribez, pinjole, žafran ter sol in poper po okusu. Kuhajte 10 minut, pogosto mešajte.

5. Čebuli s skodelico vode za kuhanje dodamo koromač in koper. Med mešanjem kuhajte 10 minut.

6. V lonec dodajte še vodo, da dobite 4 litre vode za kuhanje testenin. Zavrite vodo. Dodajte 2 žlici soli, nato pa testenine. Dobro premešajte in nežno pritisnite testo, dokler voda ni popolnoma potopljena. Na močnem ognju med pogostim mešanjem kuhajte, dokler testenine niso al dente, mehke, a čvrste na ugriz. Testo odcedimo.

7. Testenine preložimo v ponev s koromačevo mešanico in dobro premešamo. Polovico testa damo v toplo skledo. Namažemo s polovico sardel. Dodajte preostalo testo. Potresemo z drobtinami in nanje položimo sardele. Postrezite takoj.

Penne z bučkami, mečarico in zelišči

Penne con Zucchine in Pesce Spada

Za 4-6 obrokov

Te testenine sem videl v eni mojih najljubših italijanskih kuharskih knjig, A Tavola ("pri mizi") v zgodbi o kuhanju v hiški na plaži. Lupina in zelišča naredijo jed lahko in svežo. Popoln na poletni dan – tudi če niste na plaži – s paradižnikovo solato.

1/4 skodelice oljčnega olja

12 unč mečarice, obrezane in narezane na 1/2-palčne kocke

Sol in sveže mlet črni poper

4 do 6 majhnih bučk, približno 1 funt, narezanih na 1/2-palčne kose

4 zelene čebule, sesekljane

2 žlici sesekljanega svežega rožmarina

2 žlici sesekljanega svežega drobnjaka

1 žlica sesekljane sveže mete

1/2 čajne žličke posušenega origana, zdrobljenega

1/2 čajne žličke naribane limonine lupinice

1 funt peresnikov

1. V veliki ponvi na srednje močnem ognju segrejte 1 žlico olja. Dodajte mečarico in kuhajte, dokler riba ne izgubi rožnate barve, približno 5 minut. Odstranite mečarico in jo preložite na krožnik. Solimo in popramo.

2. V ponev dodamo preostale 3 žlice olja in segrevamo na zmernem ognju. Dodajte bučke, čebulice in sol po okusu. Med pogostim mešanjem kuhajte, dokler se bučke ne zmehčajo, približno 10 minut.

3. Mečarico vrnemo v ponev. Vmešajte zelišča in limonino lupinico, nato odstavite z ognja.

4. V veliki ponvi zavrite vsaj 4 litre vode. Dodajte 2 žlici soli, nato pa testenine. Dobro premešaj. Na močnem ognju med pogostim mešanjem kuhajte, dokler testenine niso al dente,

mehke, a čvrste na ugriz. Testenine odcedimo in prihranimo nekaj vode za kuhanje.

5. Dodajte testenine v ponev in mešajte na močnem ognju 1 minuto. Po potrebi dodamo malo vode za testenine. Postrezite takoj.

Špageti z baccalo na božični večer

Špageti con la baccala

Za 6 obrokov

Baccala je pomemben del ribje jedi, ki jo postrežejo na božični večer v večini južnih italijanskih domov. Ta recept mi je dala moja teta Millie Castagliola, katere družina je bila s Sicilije. Teta Millie naredi isto omako kot preliv na pici z dvojno skorjo.

1 funt trske ali baccale,

Sol

1/4 skodelice oljčnega olja

2 srednji čebuli, narezani na tanke rezine

2 stebli zelene, na tanke rezine

2 stroka česna, drobno sesekljana

2 skodelici sesekljanih konzerviranih uvoženih italijanskih paradižnikov z njihovim sokom

Ščepec mlete rdeče paprike

1/2 skodelice narezanih zelenih oliv

2 žlici kaper oplaknite in odcedite

1 kg špagetov ali lingvin

Ekstra deviško olivno olje

1. V široki ponvi zavrite približno 1 liter vode. Dodamo ribe in solimo po okusu. Zmanjšajte toploto na nizko. Ribe dušite približno 10 minut, dokler niso zelo mehke. Ribo odstranite z žlico z režami. Pustimo, da se malo ohladi. S prsti odstranite kožo in kosti. Ribo narežemo na grižljaj velike kose.

2. V večjo ponev vlijemo olje. Dodajte čebulo in zeleno ter kuhajte na zmernem ognju, dokler zelenjava ni zlato rjave barve, približno 15 minut. Stresemo česen in kuhamo še 2 minuti.

3. Dodajte paradižnik in rdečo papriko. Med občasnim mešanjem kuhajte, dokler se omaka ne zgosti, 20 do 30 minut.

4. Dodajte ribe, olive in kapre ter kuhajte 10 minut. okus po soli.

5. V veliki ponvi zavrite vsaj 4 litre vode. Dodajte 2 žlici soli, nato pa testenine. Dobro premešajte in nežno pritisnite testo, dokler voda ni popolnoma potopljena. Med pogostim mešanjem kuhajte, dokler testenine niso al dente, mehke, a čvrste na ugriz. Testenine odcedimo in prihranimo nekaj vode za kuhanje.

6. V ponev z omako dodamo testenine. Na srednje močnem ognju dobro premešamo, po potrebi dodamo malo vode za kuhanje. Pokapajte z malo ekstra deviškega oljčnega olja in takoj postrezite.

Linguine s tuninim pestom

Linguine al Tonno

Za 4-6 obrokov

Surova omaka teh sicilijanskih testenin je podobna pestu, a aromatizirana s sardoni. Tik preden postrežemo, omako in testenine prelijemo s tunino iz pločevinke.

1 skodelica tesno zapakiranih svežih listov bazilike

3/4 skodelice tesno zloženih svežih listov peteršilja

1/3 skodelice pinjol

2 srednje velika stroka česna

1 (2 oz.) konzerva filejev inčunov, odcejenih

1/3 skodelice ekstra deviškega oljčnega olja

2 žlici svežega limoninega soka

1 (7 oz) pločevinka tune v olju (po možnosti uvožena italijanska ali španska tuna v olivnem olju)

Sol

1 funt linguina

1. Baziliko, peteršilj, pinjole in česen drobno sesekljajte v kuhinjskem robotu z jeklenim rezilom. Dodamo fileje inčunov, olje in limonin sok ter mešamo do gladkega.

2. V veliki ponvi zavrite vsaj 4 litre vode. V veliki skledi pretlačimo tunino z vilicami. Primešamo omako.

3. V vrelo vodo dodajte 2 žlici soli, nato pa testenine. Dobro premešajte in nežno pritisnite testo, dokler voda ni popolnoma potopljena. Testenine med pogostim mešanjem skuhajte al dente, dokler niso mehke, a čvrste na ugriz. Testenine odcedimo in prihranimo nekaj vode za kuhanje.

4. V skledo z omako dodamo testenine. Dodamo malo vode za kuhanje in dobro premešamo. Postrezite takoj.

Hladne testenine z zelenjavnimi konfeti in morskimi sadeži

Testenine Fredda z Verdure in Crostacei

Za 6-8 obrokov

Med potovanjem po Italiji je bil glavni razlog, da sem obiskal Argento, majhno mesto v Emiliji-Romanji, jesti v dobri restavraciji Il Trigabolo. Restavracija je zaprta, a še vedno se spominjam svojega veselja, ko so mi postregli te osvežilne hladne testenine s hrustljavo narezano zelenjavo in morskimi sadeži. Večino zelenjave blanširamo, kar pomeni, da jo spustimo v vrelo vodo in takoj postavimo pod hladno vodo, da se neha kuhati in ohladi. Hladna voda bo posvetlila barvo in zelenjava bo ohranila nekaj svoje hrustljave teksture.

Testenine pri takšni pripravi samo splaknemo v hladni vodi – po končanem kuhanju jih postrežemo hladne.

1 velik čvrst, zrel paradižnik, brez semen in narezan na kocke

1/2 lb kuhanih majhnih kozic, narezanih na 1/4-palčne kose

1 skodelica mletega kuhanega jastoga ali 1/4 funta kuhanega rakovega mesa, nabranega

1/4 skodelice sesekljanega svežega drobnjaka

1/4 skodelice sesekljane sveže bazilike

1/4 skodelice ekstra deviškega oljčnega olja in še več za pokapanje

Groba sol in sveže mlet črni poper

1 kg tankih špagetov

3/4 skodelice zelo drobno sesekljane rdeče paprike

3/4 skodelice zelo drobno sesekljane rumene paprike

3/4 skodelice zelo drobno sesekljane bučke

2 majhna korenčka, narezana na trakove vžigalic

1. V veliko skledo premešajte paradižnik s kozicami, jastogom, zelišči in oljčnim oljem. Solimo in popramo.

2. V veliki ponvi zavrite vsaj 4 litre vode. Dodamo 2 žlici soli, nato pa še špagete. Dobro premešajte in nežno pritisnite testo, dokler voda ni popolnoma potopljena. Kuhajte na močnem ognju in pogosto mešajte. Približno 30 sekund preden so testenine pripravljene, dodajte papriko, bučke in korenje. Dobro premešaj. Ko so testenine al dente, mehke, a čvrste na ugriz, jih skupaj z zelenjavo odcedite v velikem cedilu v umivalniku. Zelenjava je le malo ovenela.

3. Testenine in zelenjavo sperite pod tekočo vodo. Dobro odcedite.

4. Dodajte testenine mešanici paradižnika in morskih sadežev. Dobro vrzi. Pokapljamo z več olja in ponovno premešamo. Postrezite takoj.

www.ingramcontent.com/pod-product-compliance
Lightning Source LLC
Chambersburg PA
CBHW070411120526
44590CB00014B/1349